Kauderwelsch
Band 54

Impressum

Katrin Jähnert
Litauisch – Wort für Wort
erschienen im
REISE KNOW-HOW Verlag Peter Rump GmbH
Osnabrücker Str. 79, D-33649 Bielefeld
info@reise-know-how.de

7. Auflage 2005

Bearbeitung Klaus Werner
Layout Claudia Schmidt
Layout-Konzept Günter Pawlak, FaktorZwo! Bielefeld
Umschlag Peter Rump (Titelfoto: Peter Höh)
Kartographie Iain Macneish
Fotos Baltische Tourismuszentrale, Münster
Druck und Bindung Fuldaer Verlagsanstalt GmbH & Co. KG, Fulda
Buchbinderei Keller, Fulda

ISBN 3-89416-244-9
Printed in Germany

Dieses Buch ist erhältlich in jeder Buchhandlung der BRD, Österreichs, der Schweiz und der Benelux. Bitte informieren Sie Ihren Buchhändler über folgende Bezugsadressen:

BRD Prolit GmbH, Postfach 9, 35461 Fernwald (Annerod) sowie alle Barsortimente
Schweiz AVA-buch 2000, Postfach 27, CH-8910 Affoltern
Österreich Mohr Morawa Buchvertrieb GmbH
Sulzengasse 2, A-1230 Wien
Belgien & Niederlande Willems Adventure, Postbus 403, NL-3140 AK Maassluis
direkt Wer im Buchhandel kein Glück hat, bekommt unsere Bücher zuzüglich Porto- und Verpackungskosten auch direkt über unseren Internet-Shop: **www.reise-know-how.de**

Zu diesem Buch ist ein **AusspracheTraianer** erhältlich, ebenfalls in jeder Buchhandlung der BRD, Österreichs, der Schweiz und der Benelux-Staaten.

Der Verlag möchte die **Reihen Kauderwelsch** weiter ausbauen und **sucht Autoren**! Mehr Informationen finden Sie auf unserer Internetseite **www.reise-know-how.de/buecher/special/schreiblust-inhalt.html**

Kauderwelsch

Katrin Jähnert

Litauisch

Wort für Wort

Reise Know-How
im Internet
www.reise-know-how.de
info@reise-know-how.de

*Aktuelle Reisetipps
und Neuigkeiten,
Ergänzungen nach
Redaktionsschluss,
Büchershop und
Sonderangebote
rund ums Reisen*

Kauderwelsch-Sprechführer sind anders!

Warum? Weil sie Sie in die Lage versetzen, wirklich zu sprechen und die Leute zu verstehen.

Wie wird das gemacht? Abgesehen von dem, was jedes Sprachbuch bietet, nämlich Vokabeln, Beispielsätze etc., zeichnen sich die Bände der Kauderwelsch-Reihe durch folgende Besonderheiten aus:

Die **Grammatik** wird in einfacher Sprache so weit erklärt, dass es möglich wird, ohne viel Paukerei mit dem Sprechen zu beginnen, wenn auch nicht gerade druckreif.

Alle Beispielsätze werden doppelt ins Deutsche übertragen: zum einen **Wort-für-Wort**, zum anderen in „ordentliches" Hochdeutsch. So wird das fremde Sprachsystem sehr gut durchschaubar. Denn in einer fremden Sprache unterscheiden sich z. B. Satzbau und Ausdrucksweise recht stark vom Deutschen. Ohne diese Übersetzungsart ist es so gut wie unmöglich, schnell einzelne Wörter in einem Satz auszutauschen.

Die **Autorinnen** und **Autoren** der Reihe sind Globetrotter, die die Sprache im Land selbst gelernt haben. Sie wissen daher genau, wie und was die Leute auf der Straße sprechen. Deren Ausdrucksweise ist nämlich häufig viel einfacher und direkter als z. B. die Sprache der Literatur oder des Fernsehens.

Besonders wichtig sind im Reiseland **Körpersprache, Gesten, Zeichen** und **Verhaltensregeln**, ohne die auch Sprachkundige kaum mit Menschen in guten Kontakt kommen. In allen Bänden der Kauderwelsch-Reihe wird darum besonders auf diese Art der nonverbalen Kommunikation eingegangen.

Kauderwelsch-Sprechführer sind keine Lehrbücher, aber viel mehr als Sprachführer! Wenn Sie ein wenig Zeit investieren und einige Vokabeln lernen, werden Sie mit ihrer Hilfe in kürzester Zeit schon Informationen bekommen und Erfahrungen machen, die „taubstummen" Reisenden verborgen bleiben.

Inhalt

Inhalt

Konversation

Anhang

Vorwort

Wer in die Seele eines Volkes eindringen will, muss dessen Sprache verstehen. Jahrzehntelang wurde das Litauische neben vielen anderen Sprachen in der Sowjetunion wie ein Stiefkind des Russischen behandelt. Das mit ca. 3 Mio. Menschen relativ kleine Volk der Litauer bewahrte jedoch auch im Bestand der Sowjetunion seine kulturelle Identität. Nun, da Litauen unabhängig ist, nimmt Litauisch wieder den ihm gebührenden Stellenwert ein. Es ist wieder Amtssprache, auch wenn es noch ein Weilchen dauern wird, bis der letzte russische Buchstabe aus dem Straßenbild verschwunden ist.

Ich freue mich, dass Sie sich in die Zahl der wenigen einreihen möchten, die die Sprache dieses kleinen Ostseevolkes lernen wollen. Litauisch gehört zwar nicht zu den leichten Sprachen, aber mit ein wenig Mühe kann man sich solche Grundkenntnisse aneignen, die eine Reise nach Litauen und Begegnungen mit den litauischen Menschen erst richtig zum Erlebnis werden lassen. Jeder Litauer ist dankbar und von Herzen gerührt, wenn er einen Ausländer Litauisch sprechen hört.

Ich wünsche Ihnen viel Erfolg beim Erlernen der litauischen Sprache und viele herzliche Begegnungen mit den gastfreundlichen Bewohnern Litauens.

Hinweise zur Benutzung

Das Buch ist als eine Art „Schnuppersprechkurs" zu verstehen. Es soll helfen, Alltagssituationen bei einem Besuch in Litauen sprachlich zu bewältigen, und es soll Mut machen zum Weiterlernen (s. Literaturhinweise im Anhang). Ich habe mich bemüht, die wichtigsten sprachlichen Erscheinungen auf möglichst einfache Weise darzustellen, so dass sie auch vollkommenen Neulingen verständlich sind. Für eine einfache Verständigung ist dies meist ausreichend.

Die Wörterlisten *im Anhang enthalten je ca. 1000 Stichwörter und sind alphabetisch geordnet.*

Die ersten Seiten enthalten wichtige Hinweise zur **Aussprache und Betonung**, ein Kapitel, das keineswegs übersprungen werden sollte. Übrigens: Wer versucht, beim Lesen die litauischen Wörter mitzusprechen, lernt doppelt so schnell. Es folgt eine **Minigrammatik**, die nur die wichtigsten grammatischen Zusammenhänge erklärt, die notwendig sind, um sich verständigen zu können.

Seitenzahlen

Um Ihnen den Umgang mit den Zahlen zu erleichtern, wird auf jeder Seite die Seitenzahl auch auf Litauisch angegeben!

Im **Konversationsteil** findet man Satzbeispiele und Vokabellisten zu vielen touristischen Standardsituationen. Wer damit nicht auskommt, kann sich gezielt der Grammatik bedienen und selbständig neue Sätze bilden.

Die Beispielsätze bestehen in der Regel aus drei Zeilen, dem litauischen Satz, einer **Wort-für-Wort-Übersetzung** und einer Übersetzung ins Deutsche. Aus der Wort-für-WortÜbersetzung erfährt man die „eigentliche" Bedeutung einzelner Wörter oder sogar Wortbestandteile und kann sich den Aufbau des Satzes leicht verdeutlichen. Mit Hilfe der Wort-für-Wort-Übersetzung können Sie bald eigene Sätze bilden. Sie können die Beispielsätze als Fundus von Satzschablonen und -mustern benutzen, die Sie selbst Ihren Bedürfnissen anpassen.

Ein Wort in der Wort-für-Wort-Übersetzung entspricht einem Wort im Originalsatz. Sind mehrere Wörter für die Übersetzung notwendig, sind diese durch einen Bindestrich verbunden.

Lässt sich ein litauisches Wort nicht mit einem Wort eindeutig ins Deutsche übersetzen, steht in der Wort-für-Wort-Übersetzung eine Abkürzung, die erklärt, worum es sich bei dem litauischen Wort oder Teil eines Wortes handelt.

Kur̃ yrà tualètas?
Wo ist Toilette?
Wo ist eine Toilette?

Àš apsidžiaũgiu.
Ich VS-sich-freue.
Ich freue mich.

m.	männlich
w.	weiblich
Ez.	Einzahl
Mz.	Mehrzahl
1. / 2. / ... / 7. F.	1. / 2. / ... / 7. Fall
VS	Vorsilbe
FW	Fragewort

Die **Umschlagklappe** hält die wichtigsten Sätze und Formulierungen stets parat. Aufgeklappt ist der Umschlag eine wesentliche Erleichterung, da die gewünschte Satzkonstruktion mit dem Vokabular aus den einzelnen Kapiteln kombiniert werden kann.

Zur Sprache

Übrigens geht das Wort Lietuvà *(Litauen) nach Fraenkel vermutlich auf das lateinische „litus" (Gestade, Strand) zurück und könnte so viel wie „Stromgebiet" bedeuten, also ganz frei „Land am Wasser".*

Das Litauische gehört wie Deutsch, Englisch oder Französisch zur großen indoeuropäischen Sprachfamilie. Aber innerhalb dieser Familie fühlen sich die Litauer eigentlich nur mit den Letten wirklich verwandt. Erst 1845 fand der deutsche Sprachforscher Nesselmann heraus, dass sich Litauisch, Lettisch und die inzwischen ausgestorbenen Sprachen der Kuren und Preußen zu einer Gruppe baltischer Sprachen ausgliedern lassen. Das Litauische soll, so die Meinung der Sprachforscher, die meisten Wörter und grammatischen Formen aus der indoeuropäischen Ursprache bewahrt haben.

Das litauische Alphabet

Insgesamt verfügt das Litauische über 12 Selbst- und 21 Mitlaute.

Das litauische Alphabet hat lateinische Buchstaben. Allerdings gibt es eine Reihe von Sonderzeichen über und unter den Buchstaben, die darauf hindeuten, dass wir es auch mit einer besonderen Aussprache zu tun haben.

a ą b c ch č d e ę ė f g h i į y j
k l m n o p r s š t u ų ū v z ž

Bei der Reihenfolge der Selbstlaute ist zu beachten, dass die verschiedenen Schreibweisen (z. B. e, ę und ė oder i, į und y) jeweils zusammengehören. Das spielt vor allem dann eine

Rolle, wenn man ein Wort im Wörterbuch sucht. So kann es vorkommen, dass unter der Rubrik I, į, Y die Wörter inžinierius (Ingenieur), ypač (besonders) und įpakuoti (einpacken) hintereinanderstehen.

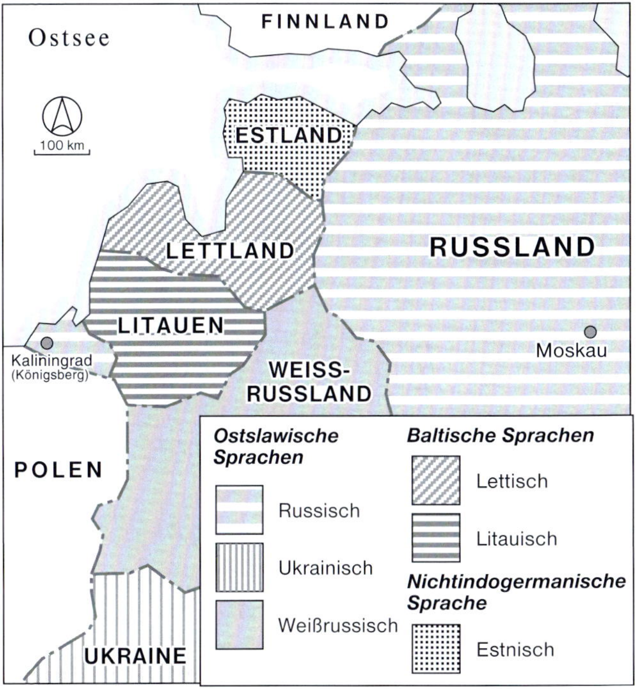

Aussprache

Unabhängig davon, ob ein Selbstlaut betont wird oder nicht, gelten folgende Ausspracheregeln.

Selbstlaute

▶Immer lang werden **ą**, **ę**, **ė**, **į**, **y**, **o** (außer in Fremdwörtern), **ų** und **ū** gesprochen.

▶Die Buchstaben mit dem „Häkchen", d. h. **ą**, **ę**, **į** und **ų**, heißen Nasalbuchstaben. Der Name irritiert aber etwas, denn die entsprechenden Laute werden schon lange nicht mehr mit Beteiligung der Nase gesprochen, sondern nur lang (Sie sind aber hervorgegangen aus den Verbindungen an, en, in bzw. un).

▶Immer kurz sind **i** und **u**.

▶Steht ein **i** nach einem Mitlaut und vor **a**, **o**, oder **u**, dann kein **i** sprechen, sondern nur ein „j" andeuten. Das **i** hat hier die Funktion, den Mitlaut weich zu sprechen, was es im Deutschen nicht gibt, z. B. **čià** (hier) sprich etwa „tschja", **keliõnė** (Reise) sprich etwa „keljone".

▶**a** und **e** können lang oder kurz sein, was von der Betonung abhängt.

a	kurzes „a" wie in „K**a**sten", z. B. **àš** (ich), langes „a" wie in „T**a**g", z. B. **mán** (mir)
ą	langes „a" wie in „L**a**den", z. B. **vãsarą** (im Sommer)

e	kurzes und offenes „e“ ähnlich „ä“ in „k**ä**mmen“, z. B. **profèsija** (Beruf), langes, offenes „e“ ähnlich „ä“ in „g**ä**hnen“, z. B. **gẽras** (gut)
ę	langes, offenes „e (ä)“ wie in „g**ä**hnen“, z. B. **švę̃sti** (feiern)
ė	langes und geschlossenes „e wie in „**E**mil“, z. B. **dė̃dė** (Onkel)
i	kurzes „i“ wie in „T**i**ck“, z. B. **tìk** (nur)
į	langes „i“ wie in „T**i**ger“, z. B. **įdomù** (interessant)
y	wie **į**, z. B. **ýpač** (besonders). Der Buchstabe heißt übrigens nicht „ypsilon“, sondern „i“.**y**
o	in litauischen Wörtern langes offenes „o“ wie in M**o**rgen, z. B. **óras** (Wetter, Luft), in Fremdwörtern kurzes „o“ wie in „M**o**st“, z. B. **restorãnas** (Restaurant)
u	kurzes „u“ wie in „K**u**nst“: **ùpė** (Fluss)
ų	langes „u“ wie in „M**u**t“: **mū̃sų** (unser/e)
ū	wie **ų**, z. B. **jū̃sų** (euer/eure bzw. Ihr/e)

Sogar die Litauer untereinander sind sich nicht immer einig, wenn es um die richtige Aussprache und Betonung geht. Einem Litauisch lernenden Ausländer wird man es deshalb nicht übel nehmen, wenn er sich einmal irrt.

Mitlaute

Die meisten Mitlaute werden wie im Deutschen ausgesprochen, nur bei folgenden Mitlauten sind Unterschiede zu beachten:

ch	wie in „ko**ch**en“, z. B. **charãkteris** (Charakter)
c	wie „z“ in „Kon**z**ert“, z. B. **koncèrtas** (Konzert)
č	wie „tsch“ in „deu**tsch**“, z. B. **čià** (hier)

r	rollendes bayrisches „r“: Zunge an den Gaumen und vibrieren lassen. Gelingt das nicht, wird man trotzdem verstanden.
š	wie „sch“ in „Ta**sch**e“, z. B. **šokolãdas** (Schokolade)
v	wie „w“ in „**W**ald“: **vókiškai** (deutsch)
z	stimmhaftes „s“ wie in „**s**ummen“, z. B. **mùzika** (Musik)
ž	wie das „g“ in Fremdwörtern aus dem Französischen: „**G**elee“, „Gara**g**e“, z. B. **pliãžas** (Strand)

Doppellaute (Diphtonge)

Die Doppellaute aus zwei Selbstlauten (Doppelvokale) **ai**, **au**, **ei**, **ie**, **ui** und **uo** werden teilweise anders als im Deutschen gesprochen:

ai	wie in „M**ai**“, z. B. **laĩkas** (Zeit) Achtung! Tritt **i** vor **ai** auf, sprich „ej“, z. B. **bróliai** (Brüder)
au	wie in „M**au**s“, z. B. **sáulė** (Sonne)
ei	„ej“ wie in engl. „Safe“, z. B. **méilė** (Liebe)
ie	„ije“ wie in „Gerani**e**“, z. B. **žiemà** (Winter)
ui	„uj“ wie in „pf**ui**“, z. B. **puikù** (wunderbar)
uo	„u“ und offenes „o“ (wie in W**o**lle), z. B. **vanduõ** (Wasser)

Betonung

Für die Betonung gibt es im Litauischen keine einfache einprägsame Regel, weil sie nicht fest auf einer Silbe liegt. Doch man lasse sich dadurch nicht entmutigen, denn die drei verschiedenen Betonungszeichen auf den betreffenden Selbstlauten geben Aufschluss darüber, ob die betonte Silbe kurz, lang oder sehr lang (gedehnt) gesprochen wird. Auch in einsilbigen Wörtern werden die Zeichen gesetzt.

`	bedeutet kurz: **àš** (ich), **mamà** (Mutti)
´	bedeutet lang: **sakýti** (sagen)
˜	bedeutet sehr lang und gedehnt: **vỹnas** (Wein)

Achtung: ˜ kann auch über einem Mitlaut auftauchen. Dieser wird dann länger (mit mehr Stimme) gesprochen: **teñ** (dort), **kur̃** (wo).

Innerhalb von Doppelvokalen kann die Betonung sowohl auf dem ersten oder zweiten Vokal liegen. Trotzdem bleiben beide eine Silbeneinheit. Ausländern fällt es meist sehr schwer, diese Betonungsunterschiede auszudrücken. Dies kann in der Praxis allerdings nur bei einigen Wörtern zu Problemen führen, wo die richtige Betonung über die Bedeutung des Wortes entscheidet, z. B.:

áukštas	hoch	**aũkštas**	Etage
trùkti	dauern	**trũkti**	fehlen

Kauderwelsch-AusspracheTrainer
Falls Sie sich die wichtigsten litauischen Sätze, die in diesem Buch vorkommen, einmal von einer Litauerin gesprochen anhören möchten, kann Ihnen Ihre Buchhandlung den ***AusspracheTrainer*** *zu diesem Buch besorgen. Sie bekommen ihn auch über unseren Internetshop* ***www.reise-know-how.de***
Alle Sätze, die Sie auf dem ***Kauderwelsch-AusspracheTrainer*** *hören können, sind in diesem Buch mit einem* 👂 *gekennzeichnet.*
Mehr über den ***Kauderwelsch-AusspracheTrainer*** *erfahren Sie auf Seite 137.*

Wörter, die weiterhelfen

In vielen Situationen kann man sich schon mit den folgenden Redewendungen behelfen. Man setzt dazu einfach das gewünschte Wort aus dem Wörterverzeichnis anstelle der Pünktchen ein.

Um grammatisch exakt zu sprechen, müsste man in den ersten beiden Redewendungen das neue Wort im 2. Fall gebrauchen. Für den Anfang geht es aber auch schon mal ohne Beugung.

Ar̃ tùrite ...? Haben Sie ...?
FW haben (-Sie) ...?

laisvų̃ kambarių̃ (2. Fall)	freie Zimmer
atvirùkų (2. Fall)	Postkarten
pãšto žénklų (2. Fall)	Briefmarken

Prãšom ...! Ich möchte gern ...
Bitte ...!

kavõs (2. Fall)	Kaffee
ledų̃ (2. Fall)	Eis

Prãšom pasakýti ...! Bitte sagen Sie ...!
Bitte VS-sagen ...

Kur̃ yrà ...? Wo ist ...?

autoservìsas	eine Autowerkstatt
pãštas	die Post
tualètas	eine Toilette

Prãšom! Bitte!

Ãčiū! Danke!

Hauptwörter

Im Litauischen werden die Hauptwörter nicht großgeschrieben, sondern nur Satzanfänge, Eigennamen und die höfliche Anrede (Sie, Ihre).

Geschlecht

Das litauische Hauptwort kann nur männlich oder weiblich sein. Bei Personen- und Tierbezeichnungen stimmt das natürliche Geschlecht mit dem grammatischen überein. Das Wort für „Schwester" (sesuõ) beispielsweise ist also wie die Schwester weiblichen Geschlechts.

Artikel wie im Deutschen (der, die, das), an denen man das Geschlecht erkennen könnte, gibt es im Litauischen nicht. Aber dafür ist das Geschlecht eines Hauptworts generell an seiner Endung ablesbar. Nur die Endungen -is und -uo können bei männlichen wie weiblichen Wörtern vorkommen. Je nach ihrem Geschlecht werden Wörter mit diesen Endungen jedoch unterschiedlich gebeugt.

„Typisch" weibliche Endungen sind:

-a	**mótina** (Mutter)	**knygà** (Buch)
-ia	**ponià** (Dame, Frau)	**bažnýčia** (Kirche)
-ė	**mergáitė** (Mädchen)	**gãtvė** (Straße)
-is	**móteris** (Frau)	**širdìs** (Herz)
-uo	**sesuõ** (Schwester)	

„Typisch“ männliche Endungen sind:

-as	**výras** (Mann)	**vỹnas** (Wein)
-ias	**svẽčias** (Gast)	**kẽlias** (Weg)
-is	**brólis** (Bruder)	**automobìlis** (Auto)
-ys	**arklỹs** (Pferd)	**kambarỹs** (Zimmer)
-us	**sūnùs** (Sohn)	**tur̃gus** (Markt)
-ius	**daĩnius** (Sänger)	**skỹrius** (Abteilung)
-uo	**šuõ** (Hund)	**mė́nuo** (Monat)

Als **Faustregel** kann also gelten, dass fast alle Hauptwörter (auch Eigenschaftswörter und Fürwörter), die in ihrer Grundform auf -s enden, männlich sind.

Achtung! Der dė̃dė (Onkel) bewahrt trotz der Endung -ė seine Männlichkeit.

Bei **Fremdwörtern** kommen auch die Endungen -i, -o und -u vor. Diese Wörter sind immer männlich, sofern sie keine weiblichen Personen bezeichnen:

meniù (m.)	Speisekarte
taksì (m.)	Taxi
lèdi (w.)	Lady

Mehrzahl

Die meisten Hauptwörter gibt es in der Ein- und Mehrzahl, d. h. zu jeder Einzahlendung existiert auch eine entsprechende Mehrzahlendung.

Einzahl		Mehrzahl		
knygà	**-(i)a**	**knỹgos**	**-(i)os**	*Buch*
gãtvė	**-ė**	**gãtvės**	**-ės**	*Straße*
šalìs	**-is** (w.)	**šãlys**	**-ys**	*Land*
kẽlias	**-(i)as**	**keliaĩ**	**-(i)ai**	*Weg*
brólis	**-is** (m.)	**bróliai**	**-iai**	*Bruder*
kambarỹs	**-ys**	**kambariaĩ**	**-iai**	*Zimmer*
skỹrius	**-ius**	**skỹriai**	**-iai**	*Abteilung*
sūnùs	**-us**	**sū́nūs**	**-ūs**	*Sohn*
sesuõ	**-uo**	**sẽserys**	**-ys**	*Schwester*

Ausnahmen bestätigen die Regel:

žmogùs	**žmónės**	Mensch
mė́nuo	**mė́nesiai**	Monat

Einige Hauptwörter besitzen nur eine Einzahl. Diese sind auch im Deutschen häufig Einzahlwörter:

cùkrus	Zucker
píenas	Milch

Auch die Fremdwörter auf -i, -o und -u bilden keine Mehrzahl:

víenas taksì	ein Taxi
daũg taksì	viele Taxi

Andere Hauptwörter kommen nur in der Mehrzahl vor, wobei es hier kaum Ähnlichkeiten zum Deutschen gibt. Hierzu zählen z. B. die folgenden Wörter.

Wenn man mit einem solchen Mehrzahlwort ein einzelnes Objekt bezeichnen will, benutzt man spezielle Zahlwörter.

pinigaĩ	Geld
drabùžai	Kleidung
akiniaĩ	Brille (bzw. Brillen)
atóstogos	Urlaub

mẽtai	**vienerì mẽtai**
Jahre	ein Jahr

Dieses & Jenes

Um „dieses" oder „jenes" auszudrücken, gibt es im Litauischen drei verschiedene Fürwörter:

šìtas	**tàs**	**anàs**
dieser hier	dieser/der	jener

Die Bedeutung dieser hinweisenden Fürwörter (Demonstrativpronomen) ist sehr relativ, aber man kann davon ausgehen, dass šìtas (dieser hier) immer ein sehr nahes und anàs (jener) ein weiter entferntes Objekt meint. Am gebräuchlichsten ist aber tàs (dieser). Häufig wird es im Deutschen mit dem bestimmten Artikel (der) wiedergegeben.

In Abhängigkeit davon, ob das folgende Hauptwort männlich oder weiblich ist und in der Einzahl oder Mehrzahl steht, erhalten auch die hinweisenden Fürwörter verschiedene Endungen.

	Einzahl	Mehrzahl
šìtas (m.)	**šìtas výras** *dieser/der Mann (hier)*	**šitiẽ výrai** *diese/die Männer (hier)*
(w.)	**šità móteris** *diese/die Frau (hier)*	**šitõs móterys** *diese/die Frauen (hier)*
tàs (m.)	**tàs výras** *dieser/der Mann*	**tiẽ výrai** *diese/die Männer*
(w.)	**tà móteris** *diese/die Frau*	**tõs móterys** *diese/die Frauen*
anàs (m.)	**anàs výras** *jener Mann*	**aniẽ výrai** *jene Männer*
(w.)	**anà móteris** *jene Frau*	**anõs móterys** *jene Frauen*

Häufig hört man auch die unpersönlichen Formen:

taĩ	dieses/das
šitaĩ	dies hier

Sätze, die im Deutschen mit „Das ist ..." oder „Das sind ..." beginnen, werden im Litauischen mit Taĩ ... (das, dieses ...) eingeleitet. „Ist" oder „sind" (yrà) braucht dann nicht übersetzt zu werden, z. B.:

Taĩ výras.	**Taĩ brangù.**
Das Mann.	*Das teuer.*
Das ist ein Mann.	Das ist teuer.

Eigenschaftswörter

Meist steht das Eigenschaftswort vor dem Hauptwort. Mit dem entsprechenden Tonfall gesprochen, kann so auch schon der erste Minisatz entstehen:

gẽras óras	**Gẽras óras.**
gutes Wetter	Gut ist das Wetter.

Setzt man das Hauptwort an den Anfang und das Eigenschaftswort an die zweite Stelle, kann der Tonfall neutral bleiben. Es entsteht ein ganz „normaler“ Aussagesatz, z. B.:

Óras gẽras.
Das Wetter ist gut.

Sätze, die als Satzgegenstand (Subjekt) ein Hauptwort und als Satzaussage (Prädikat) ein Eigenschaftswort haben, kommen also gut ohne das Hilfsverb „sein“ aus, es sei denn, die Aussage betrifft Vergangenes oder Zukünftiges. Dann sollte man sich bùvo (war) für die Vergangenheit und bùs (wird) für die Zukunft einprägen. Diese Formen gelten für Ein- und Mehrzahl.

Fìlmas bùvo gẽras.	**Fìlmai bùs gerì.**
Film war gut.	*Filme werden gut.*
Der Film war gut.	Die Filme werden gut (sein).

Geschlecht & Zahl

Die Eigenschaftswörter stehen wie im Deutschen vor dem Hauptwort und erhalten in Abhängigkeit vom folgenden Hauptwort die entsprechende Endung für männlich/weiblich bzw. Einzahl/Mehrzahl, z. B.:

naũjas kẽlias (m. Ez.)	neuer Weg
naujì keliaĩ (m. Mz.)	neue Wege
naujà bažnýčia (w. Ez.)	neue Kirche
naũjos bažnýčios (w. Mz.)	neue Kirchen

In einem Wörterbuch und auch in der Wörterliste im Anhang stehen die Eigenschaftswörter in ihrer männlichen Form. Anhand der Endung dieser männlichen Form unterscheidet man drei Gruppen von Eigenschaftswörtern.

Die Zugehörigkeit zu einer dieser Gruppen erkennt man an der jeweiligen Endung der männlichen Form in der Einzahl, also: -(i)as, -ùs oder -is. Da die dritte Gruppe nur solche Eigenschaftswörter umfasst, die von einem Hauptwort abgeleitet sind, wie z. B.: auksìnis (golden) von áuksas (Gold), kann man sie erst einmal ignorieren.

Weiß man nun, zu welcher Gruppe das Wort gehört, kann man auch die weibliche bzw. Mehrzahlform bilden, indem man die männliche Endung durch die jeweils nötige ersetzt.

	I		**II**		**III**	
	Ez.	**Mz.**	**Ez.**	**Mz.**	**Ez.**	**Mz.**
m.	**-(i)as**	**-ì**	**-ùs**	**-ūs**	**-is**	**-iai**
w.	**-(i)à**	**-(i)os**	**-ì**	**-ios**	**-ė**	**-ės**

gẽras draũgas
(I. m. Ez.)
guter Freund

brangùs vỹnas
(II. m. Ez.)
teurer Wein

Eine Ausnahme bei der Mehrzahlbildung bildet dìdelis (groß):

dìdelis párkas (m. Ez.)
großer Park

dìdeli párkai (m. Mz.)
große Parks

dìdelė parodà (w. Ez.)
große Ausstellung

dìdelės pãrodos (w. Mz.)
große Ausstellungen

Unpersönliche Form

Von den ersten beiden Gruppen wird auch eine unpersönliche Form gebildet, indem das -s der männlichen Endung einfach abgestrichen wird. Aus -as wird -a, aus -us wird -u. Diese Form tritt in kurzen, unpersönlichen Sätzen ohne Satzgegenstand auf:

Skanù.
Schmackhaft.
Es schmeckt gut.

Šil̃ta.
Warm.
Es ist warm.

Steigerung

Ist etwas gut, kann es bekanntlich trotzdem noch besser und manchmal sogar das Beste sein. Ist etwas golden, dann wird es allerdings niemals goldener. Mit anderen Worten: nur die ersten beiden Gruppen von Eigenschaftswörtern können gesteigert werden, aber zum Glück einheitlich.

Die erste Steigerungsstufe wird immer mit -èsn-, die zweite immer mit -(i)áus- gebildet, die zwischen den Wortstamm und männlichen bzw. weiblichen Ein- oder Mehrzahlendungen eingefügt werden.

	Grundform	1.Stufe	2.Stufe
Ez. m.	**-(i)as/-ùs**	**-èsnis**	**-iáusias**
Ez. w.	**-(i)a/-ì**	**-èsnė**	**-iáusia**
Mz. m.	**-ì/ūs**	**-esnì**	**-iáusi**
Mz. w.	**-(i)os/ios**	**-èsnės**	**-iáusios**

gẽras	**gerèsnis**	**geriáusias fìlmas**
guter	besserer	bester Film
gražì	**gražèsnė**	**gražiáusia móteris**
hübsche	hübschere	hübscheste Frau
dìdelis	**didèsnis**	**didžiáusias párkas**
großer	größerer	größter Park

Manchmal kommt es bei der Steigerung zu einem Lautwechsel.

Bei den unpersönlichen Formen endet die erste Stufe einheitlich auf -iau, die zweite auf -iáusiai.

Grundform	1. Stufe	2. Stufe
gẽra	**geriaũ**	**geriáusiai**
gut	besser	am besten
gražù	**gražiaũ**	**gražiáusiai**
schön	schöner	am schönsten

Vergleich

Will man etwas miteinander vergleichen, benutzt man **negù** (als).

Knygà gerèsnė negù fìlmas.
Buch besser als Film.
Das Buch ist besser als der Film.

Výras vyrèsnis negù žmonà.
Mann älter als Ehefrau.
Der Mann ist älter als seine Frau.

Wichtige Eigenschaftswörter

gẽras	gut	**blõgas**	schlecht
dìdelis	groß	**mãžas**	klein
áukštas	hoch	**žẽmas**	niedrig
šil̃tas	warm	**šáltas**	kalt
šviesùs	hell	**tamsùs**	dunkel
ar̃timas	nah	**tólimas**	fern
saldùs	süß	**rūgštùs**	sauer
stiprùs	stark	**sìlpnas**	schwach
sunkùs	schwer	**leñgvas**	leicht
švarùs	sauber	**pur̃vinas**	schmutzig
sẽnas	alt	**jáunas**	jung
sẽnas	alt	**naũjas**	neu
ìlgas	lang	**trupas**	kurz
pìlnas	voll	**tùščias**	leer
pigùs	billig	**brangùs**	teuer
greĩtas	schnell	**lė̃tas**	langsam
įdomùs	interessant	**nuobodùs**	langweilig
pàprastas	einfach	**sudėtìngas**	schwierig

Eine Eigenschaft (z. B. „klein") lässt sich auch durch Verneinung des Gegensatzes („nicht groß" = „klein") ausdrücken. Dazu wird vor das betreffende Wort nur ne- (nicht, un-) gesetzt.

dìdelis párkas	**nedìdelis párkas**
großer Park	*nicht-großer Park*
	kleiner Park

Farben

báltas	weiß	**žãlias**	grün
júodas	schwarz	**mė̃lynas**	blau
pìlkas	grau	**žỹdras**	hellblau
geltónas	gelb	**rùdas**	braun
raudónas	rot	**violètinis**	violett
raũsvas	rötlich	**auksìnis**	golden
rõžinis	rosa	**sidabrìnis**	silbern
oránžinis	orange	**márgas**	bunt

Persönliche Fürwörter

Bei den persönlichen Fürwörtern (Personalpronomen), „ich", „du" ..., gibt es die Besonderheit, dass es für „sie" in der Mehrzahl zwei Formen gibt. Beide bedeuten „sie", aber jõs steht ausschließlich für weibliche Hauptwörter, jiẽ für männliche bzw. eine Gruppe männlicher und weiblicher Hauptwörter.

	Einzahl		**Mehrzahl**	
1. Person	**àš**	ich	**mẽs**	wir
2. Person	**tù**	du	**jū̃s**	ihr/Sie
3. Person	**jìs**	er	**jiẽ**	sie (m., m./w.)
	jì	sie	**jõs**	sie (w.)

Da die Litauer höflich und zuvorkommend sind, wenden sie außer Jū̃s (Sie) noch eine spezielle Höflichkeitsform, nämlich támsta (Sie) für eine und támstos (Sie) für mehrere Personen an. Nach támsta kann das Tätigkeitswort in der 2. Person Ez. (du) oder Mz. (Sie) stehen, nach támstos in der 2. Person Mz. (Sie).

In einfachen Sätzen kann das persönliche Fürwort auch entfallen, da an der Endung des Verbs oft schon die Person erkennbar ist:

Támsta žinaĩ/žìnote ...
Du/Sie weißt/wissen ...
Du weißt/Sie wissen ...
(Anrede einer Person)

Támstos žìnote ...
Sie wissen ...
(Anrede (mehrerer Personen)

Žinaũ.
(Ich-)weiß.
Ich weiß.

Besitzanzeigende Fürwörter

Die besitzanzeigenden Fürwörter (Possessivpronomen), also „mein", „dein" ... antworten auf die Frage Kienõ? (Wessen?). Sie sind unveränderlich und können vor Hauptwörtern beiderlei Geschlechts gebraucht werden.

màno	mein/e	**mū́sų**	unser/e
tàvo	dein/e	**jū́sų**	euer/eure bzw. Ihre
jõ	sein/e	**jų̃**	ihr/e
jõs	ihr/e		

màno sesuõ	**màno brólis**	**màno tėvaĩ**
meine Schwester	mein Bruder	meine Eltern

Besitzanzeigende Fürwörter gibt es auch für die Höflichkeitsform. Dabei meint támstos eine Person und támstų mehrere Personen: támstos keliõnė „Ihre Reise" (Reise einer Person), támstų keliõnė „Ihre Reise" (mehrere Personen).

Wenn man diese Wörter beherrscht, wird man als Ausländer verstanden. Die Litauer selbst benutzen aber auch das Wort sàvo. Dieses besitzanzeigende Fürwort bezieht sich immer auf den Satzgegenstand bzw. Handlungsträger im Satz und ersetzt dann màno, tàvo usw.

Àš einù pàs sàvo draũgą.
Ich gehe zu meinem Freund.

Tù einì pàs sàvo draũgą.
Du gehst zu deinem Freund.

Tätigkeitswörter

Das litauische Tätigkeitswort (Verb) hält für den Neuling einige Schwierigkeiten bereit, nicht zuletzt wegen der häufig auftretenden Lautveränderungen. Dennoch gibt es – wie überall – Regeln, auf die man sich stützen kann. Wer sich das Einprägen der Beugungsregeln stark erleichtern will, kann auf eine Hilfskonstruktion mit den so genannten Modalverben (wollen, können usw.) zurückgreifen, die unter „Modalverben“ erläutert wird.

In der Grundform (Infinitiv) haben die Verben die Endung -ti bzw. -tis. So stehen sie auch im Wörterbuch, z. B.:

eĩti	gehen	**džiaũgtis**	sich freuen

Vorsilben

Wie im Deutschen werden die Grundformen oft mit Vorsilben kombiniert, so dass neue Verben entstehen. Leider lässt sich von der Bedeutung der Vorsilbe nicht automatisch auf die neue Bedeutung des Verbs schließen. Es ist jedoch viel wert, wenn man zumindest rein optisch Vorsilbe und Grundverb voneinander trennen kann, denn manchmal ist nur das Grundverb im Wörterbuch verzeichnet. Kann man dieses beugen, wird man auch mit den neuen Verben zurechtkommen. Hier eine kleine Auswahl von Vorsilben:

ap-	um-, herum-
at-	zurück-, wieder-
į-	hinein-, ein-
iš-	heraus-, aus-
nu-	los-, hinab-, weg-
pa-	bedeutet häufig „eine Zeitlang" bzw. auch den Abschluss eines Prozesses
par-	heim-
pér-	über-, trans-, hinüber-
pra-	vorbei-, vorüber-, durch-
pri-	hinzu-, heran-
su-	zusammen-, zer-
už-	hinauf-, auf etwas
ne-	nicht (Verneinung)
tebe-	immer noch
nebe-	nicht mehr

Neben den aufgeführten Bedeutungen können die Vorsilben aber meist noch andere ausdrücken. Wenn es sehr viele verschiedene Bedeutungsvarianten der Vorsilbe gibt, erfolgt in der Wort-fürWort-Übersetzung nur der Hinweis VS (Vorsilbe). Die eigentliche Bedeutung des Verbs wird dann erst in der deutschen Übersetzung deutlich, z. B.:

eĩti	gehen
ateĩti *zurück-gehen*	kommen (zu Fuß)
užeĩti *VS-gehen*	gehen (kurz hinein und wieder heraus)

Rückbezügliche Tätigkeitswörter

Die rückbezüglichen Tätigkeitswörter (z. B. „sich waschen“) erkennt man im Litauischen an der Endung -tis in der Grundform. Erhält ein rückbezügliches Verb eine Vorsilbe, dann schiebt sich zwischen Vorsilbe und Grundverb -si-. Dafür fällt das s am Ende weg, z. B.:

svéikintis	**atsisvéikinti**
grüßen-sich	*VS-sich-grüßen*
sich grüßen	sich verabschieden

Übrigens muss ein litauisches rückbezügliches Verb im Deutschen nicht unbedingt einem rückbezüglichen Verb entsprechen, z. B.:

juõktis	**tikė́tis**	**mókytis**
lachen-sich	*glauben-sich*	*lehren-sich*
lachen	hoffen	lernen

Zeiten

Das litauische Verb kann in vier Zeitformen vorkommen: Gegenwart, Zukunft, die so genannte einmalige und mehrmalige Vergangenheit.

Die einmalige Vergangenheit kann im Deutschen sowohl durch die einfache Vergangenheit (Imperfekt: „ich sah“) als auch durch die vollendete Vergangenheit (Perfekt: „ich habe gesehen“) wiedergegeben werden. Sie bezeichnet nicht, wie man annehmen könnte, ausschließlich einmalige Handlungen, sondern auch wiederholte, andauernde Handlungen, Prozesse usw. und ist daher mit den deutschen Vergangenheitsformen am ehesten vergleichbar.

Die mehrmalige Vergangenheit bezeichnet ausschließlich eine gewohnheitsmäßige Handlung und wird daher seltener angewendet. Im Deutschen existiert keine entsprechende Vergangenheitsform. Nur solche Wörter wie visadà (immer), kar̃tais (manchmal), dažnaĩ (oft) und andere weisen darauf hin, dass hier die mehrmalige Vergangenheitsform angebracht ist. Man wird jedoch auch verstanden, wenn man in solchen Fällen die einmalige Vergangenheitsform anwendet. Auf die Darstellung der mehrmaligen Vergangenheit wird hier deshalb völlig verzichtet.

Beugungsklassen

Will man ein litauisches Tätigkeitswort richtig beugen, muss man wissen, zu welcher der Beugungsklassen es gehört. Dies lässt sich an der Endung der 3. Person (er, sie) erkennen, die in Wörterbüchern hinter der Grundform des Verbs aufgeführt wird. Die erste Endung gilt für die Gegenwart, die zweite für die einmalige Vergangenheit, z. B.:

dìrbti (**-a**, **-o**)	→	**jìs dìrba**	**jìs dìrbo**
arbeiten		er arbeitet	er arbeitete

Anhand dieser Endungen in der 3. Person werden in der Gegenwart drei und in der einmaligen Vergangenheit zwei Beugungsklassen unterschieden.

	I	II	III
Gegenwart	**-(i)a**	**-i**	**-o**

	I	II
Einm. Verg.	**-o**	**-ė**

In der Zukunft und mehrmaligen Vergangenheit gibt es keine Beugungsklassen. Hier ist die Beugung bei allen regelmäßigen Verben einheitlich.

Allgemeine Beugungsregeln

In der Regel wird bei der Beugung die Verbendung -ti durch die entsprechende Endung ersetzt:

gyvénti	**àš gyvenù**	**tù gyvenì**
wohne	ich wohne	du wohnst

Endet der Verbstamm auf ein -o, dann schiebt sich noch ein -j vor die Endung:

galvóti	**àš galvóju**	**tù galvóji**
denken	ich denke	du denkst

Endet der Verbstamm auf -ė, wird das auch noch abgestrichen:

turė́ti	**àš turiù**	**tù turì**
haben	ich habe	du hast

Diese Veränderungen sind bei der Angabe der Endung der 3. Person in Wörterlisten schon mit aufgeführt, z. B.:

galvóti (-ja, -jo)	**turė́ti (-i, -ėjo)**
denken	haben

Die jeweils angegebene Endung für die 3. Person gilt sowohl für die Einzahl (er, sie), als auch für die Mehrzahl (sie).

Von dieser Endung ausgehend ist die Bildung der 1. und 2. Person Mehrzahl („wir" bzw. „ihr") völlig unproblematisch. In der 1. Person Mehrzahl (wir) hängt man noch -me und in der 2. Person Mehrzahl (ihr) noch -te an, z. B.:

jìs/jì dìrba
er/sie arbeitet

mẽs dirbame	**jū̃s dìrbate**	**jiẽ/jõs dìrba**
wir arbeiten	ihr arbeitet	sie arbeiten

Nun müssen eigentlich nur die Endungen der 1. und 2. Person gelernt werden.

Bei rückbezüglichen Verben ohne Vorsilbe wird noch -si (1. bis 3. Pers. Ez.) bzw. -s (1. und 2. Pers. Mz.) angefügt. Hat das rückbezügliche Verb jedoch eine Vorsilbe, endet es genau wie normale Verben auf -ti, denn -si- steht schon zwischen Vorsilbe und Grundverb (vergleiche Abschnitt „Vorsilben").

džiaũgtis	**àš džiaugiúosi**
freuen-sich	*ich freue-sich*
sich freuen	ich freue mich
apsidžiaũgti	**àš apsidžiaũgiu**
VS-sich-freuen	*ich VS-sich-freue*
sich freuen	ich freue mich

Wenn sich bei der Beugung lautliche Veränderungen im Verbstamm vollziehen, dann gibt ein gutes Wörterbuch auch Auskunft darüber. In diesen Fällen wird nicht nur die Endung, sondern meist das ganze Wort in der 3. Person Gegenwart und einmaligen Vergangenheit angegeben, z. B.:

bū́ti (yrà, bùvo)	sein
dúoti (dúoda, dãvė)	geben

Trotz der Lautveränderungen ist die Beugung dieser Verben nicht schwierig. Man geht auch bei diesen Formen von der Endung der 3. Person aus, d. h. vom letzten Buchstaben und ordnet auf dieser Grundlage das Verb der entsprechenden Beugungsklasse zu. Die Endungen in den einzelnen Personen werden dann an den Stamm der 3. Person angefügt.

Gegenwart

(Die Listen mit reinen Beugungsendungen werden auf der Kassette nicht gesprochen.)

▶I. Beugungsklasse: 3. Pers. auf -(i)a bzw. -(i)asi

normal	rückbez. ohne Vorsilbe	
-(i)u	-(i)uosi	àč *(ich)*
-i	-iesi	tù *(du)*
-(i)a	-(i)asi	jìs/jì *(er/sie)*
-(i)ame	-(i)amės	mẽs *(wir)*
-(i)ate	-(i)atės	jũs *(ihr/Sie)*
-(i)a	-(i)asi	jiẽ/jõs *(sie)*

dìrbti (-a,-o) (arbeiten)	džiaũgtis (-iasi,-ėsi) (sich freuen)	
dìrbu	džiaugiúosi	àč *(ich)*
dìrbi	džiaugíesi	tù *(du)*
dìrba	džiaũgiasi	jìs/jì *(er/sie)*
dìrbame	džiaũgiamės	mẽs *(wir)*
dìrbate	džiaũgiatės	jũs *(ihr/Sie)*
dìrba	džiaũgiasi	jiẽ/jõs *(sie)*

▶II. Beugungsklasse: 3. Person auf -i bzw. -isi

normal	rückbez. ohne Vorsilbe	
-iu	-iuosi	àč *(ich)*
-i	-iesi	tù *(du)*
-i	-isi	jìs/jì *(er/sie)*
-ime	-imės	mẽs *(wir)*
-ite	-itės	jũs *(ihr/Sie)*
-i	-isi	jiẽ/jõs *(sie)*

▶III. Beugungsklasse: 3. Pers. auf -o bzw. -osi

	normal	rückbez. ohne Vorsilbe
àč *(ich)*	**-au**	**-ausi**
tù *(du)*	**-ai**	**-aisi**
jìs/jì *(er/sie)*	**-o**	**-osi**
mẽs *(wir)*	**-ome**	**-omės**
jū̃s *(ihr/Sie)*	**-ote**	**-otės**
jiẽ/jõs *(sie)*	**-o**	**-osi**

Die Endungen der normalen und der rückbezüglichen Verben sind sehr ähnlich: aus u wird uo, aus i wird ie. Alle anderen Endungen stimmen überein, wenn man davon absieht, dass noch -si bzw. -s angefügt wird.

Einmalige Vergangenheit

▶I. Beugungsklasse: 3. Pers. auf -(j)o bzw. -(j)osi

	normal	rückbez. ohne Vorsilbe
àč *(ich)*	**-(j)au**	**-(j)ausi**
tù *(du)*	**-(j)ai**	**-(j)aisi**
jìs/jì *(er/sie)*	**-(j)o**	**-(j)osi**
mẽs *(wir)*	**-(j)ome**	**-(j)omės**
jū̃s *(ihr/Sie)*	**-(j)ote**	**-(j)otės**
jiẽ/jõs *(sie)*	**-(j)o**	**-(j)osi**

Bei Verben, deren Stamm auf -uo oder -au endet, ändert sich bei der Beugung in allen Personen gleichermaßen der Stamm (Lautwechsel): Aus -uo oder -au wird -av-. Daran schließen die Endungen der I. Beugungsklasse an.

važiúoti (fahren)	keliáuti (reisen)	
važiavaũ	keliavaũ	àš *(ich)*
važiavaĩ	keliavaĩ	tù *(du)*
važiãvo	keliãvo	jìs/jì *(er/sie)*
važiãvome	keliãvome	mẽs *(wir)*
važiãvote	keliãvote	jũs *(ihr/Sie)*
važiãvo	keliãvo	jiẽ/jõs *(sie)*

▶II. Beugungsklasse: 3. Person auf -ė bzw. -ėsi

normal	rückbez. ohne Vorsilbe	
-iau	-iausi	àš *(ich)*
-ei	-eisi	tù *(du)*
-ė	-ėsi	jìs/jì *(er/sie)*
-ėme	-ėmės	mẽs *(wir)*
-ėte	-ėtės	jũs *(ihr/Sie)*
-ė	-ėsi	jiẽ/jõs *(sie)*

Zukunft

„Typisch" für die Zukunft ist das -s-, *das bei allen Personen zwischen Stamm und die Endung steht.*

In der Zukunft werden alle regelmäßigen Verben gleich gebeugt, indem an den Verbstamm die entsprechende Endung angefügt wird.

normal	rückbez. ohne Vorsilbe	
-siu	-siuos	àš *(ich)*
-si	-sies	tù *(du)*
-s	-sis	jìs/jì *(er/sie)*
-sime	-simės	mẽs *(wir)*
-site	-sitės	jũs *(ihr/Sie)*
-s	-sis	jiẽ/jõs *(sie)*

	dìrbti (-a,-o) (arbeiten)	džiaũgtis (-iasi,-ėsi) (sich freuen)
àč *(ich)*	**dìrbsiu**	**džiaũgsìuos**
tù *(du)*	**dìrbsi**	**džiaũgsies**
jìs/jì *(er/sie)*	**dìrbs**	**džiaũgsis**
mẽs *(wir)*	**dìrbsime**	**džiaũgsimės**
jū̃s *(ihr/Sie)*	**dìrbsite**	**džiaũgsitės**
jiẽ/jõs *(sie)*	**dìrbs**	**džiaũgsis**

Das Hilfsverb „sein"

Das Hilfsverb bū́ti (yrà, bùvo) (sein) gehört zu den unregelmäßigen Verben. Da das Verb sehr häufig gebraucht wird, sollte man es möglichst beherrschen. Die Formen der Gegenwart, denen das veraltete ẽsti (vorkommen/sein) zugrunde liegt, muss man regelrecht auswendig lernen. Die anderen Zeitformen sind von būti abgeleitet.

	Gegenw.	Einm. Verg.	Mehrm. Verg.	Zuk.
àč *(ich)*	**esù**	**buvaũ**	**bū́davau**	**bū́siu**
tù *(du)*	**esì**	**buvaĩ**	**bū́davai**	**bū́si**
jìs/jì *(er/sie)*	**yrà**	**bùvo**	**bū́davo**	**bùs**
mẽs *(wir)*	**ẽsame**	**bùvome**	**bū́davome**	**bū́sime**
jū̃s *(ihr/Sie)*	**ẽsate**	**bùvote**	**bū́davote**	**bū́site**
jiẽ/jõs *(sie)*	**yrà**	**bùvo**	**bū́davo**	**bùs**

Die Litauer lassen die 3. Person Einzahl (ist) häufig weg. Wird sie doch genannt, soll sie hervorheben, dass etwas wirklich vorhanden ist, im Gegensatz zu nėrà (nicht vorhanden).

Jìs namiẽ.
Er zu-Hause.
Er ist zu Hause.

Jìs yrà namiẽ.
Er ist zu-Hause.
Er ist zu Hause.

Modalverben

Jeder Mensch hat ab und zu Wünsche, Bedürfnisse, fühlt sich Zwängen ausgesetzt oder will einfach nur kundtun, wozu er in der Lage ist. Um dem Ausdruck zu verleihen, braucht er Modalverben, wie „wollen, können, dürfen" usw.

Die folgenden Modalverben werden regelmäßig gebeugt. Hat man sich deren Beugung einmal eingeprägt, kann man das Beugen der meisten anderen Verben umgehen und sich dennoch grammatisch richtig ausdrücken. Dazu setzt man einfach vor das gewünschte Verb in der Grundform (z. B. pir̃kti = kaufen) ein Modalverb (z. B. möchten) in der richtig gebeugten Form, also anstelle von:

Jìs per̃ka ...
Er kauft ...

Jìs nóri pir̃kti ...
Er möchte kaufen ...

galéti (-i, -ėjo)	können (als Möglichkeit und Fähigkeit), dürfen
mokéti (-a, -ėjo)	können (als Fähigkeit)
noréti (-i, -ėjo)	wollen, möchten
turéti (-i, -ėjo)	müssen, sollen

Von galéti (können) abgeleitet, gibt es zwei nützliche unveränderliche Formen:

Gãlima.
Möglich.
Es ist möglich.
Man darf.

Negãlima.
Unmöglich.
Es ist nicht möglich.
Man darf nicht.

Hinter diesen Formen kann ein beliebiges Verb gebraucht werden:

Gãlima įeĩti.
Möglich ein-gehen.
Man darf eintreten.

Häufig gebraucht wird auch reĩkia (man muss, es ist nötig, man braucht) bzw. reikė́jo (man musste, es war nötig, man brauchte). Dabei muss man allerdings Folgendes beachten:

Derjenige, der etwas braucht oder muss (z. B. „ich") steht nicht in der Grundform, sondern im 3. Fall (hier: „mir").

Folgt nach reĩkia ein Hauptwort, wird es mit „brauchen" übersetzt. Das betreffende Hauptwort muss dann im 2. Fall stehen:

Mán reĩkia pinigų̃.
Mir nötig Geldes (2.F.).
Ich brauche Geld.

Folgt nach reĩkia ein ungebeugtes Verb, bedeutet das Modalverb „müssen", z. B.:

Mán reĩkia dìrbti.
Mir nötig arbeiten.
Ich muss arbeiten.

Befehlsform

Die Befehlsform entsteht durch Abstreichen der Infinitivendung -ti und deren Ersatz durch die Endungen -k bei Aufforderung einer Person, -kime, wenn sich der Sprecher selbst mit einschließt, und -kite, wenn sich die Anrede an mehrere Personen richtet. Letztere Form benutzt man gleichzeitig, wenn man eine Person höflich auffordert, etwas zu tun.

	normal	**rückbez. o. Vorsilbe**
eine Person	**-k**	**-kis**
einschließl. Sprecher	**-kime**	**-kimės**
mehrere Personen	**-kite**	**-kitės**

Válgyk!	Iss!
Valgýkime!	Essen wir!
Valgýkite!	Esst!, Essen Sie!
Sė́skis!	Setz dich!
Sė́skimės!	Setzen wir uns!
Sė́skitės!	Setzt euch!, Setzen Sie sich!

Umstandswörter

Umstandswörter (Adverbien) antworten auf die Frage: Kaĩp? (Wie?). Sie lassen sich leicht von Eigenschaftswörtern ableiten: aus der Endung -as wird -ai, z. B. aus gẽras (gut, m.) wird geraĩ (gut), aus -us wird -iai, aus gražùs (hübsch, m.) wird gražiaĩ (hübsch).

Kaĩp sẽkasi?	**Geraĩ.**
Wie gelingt-sich?	Gut.
Wie geht's?	

Jì gražiaĩ atródo.
Sie hübsch VS-zeigt.
Sie sieht hübsch aus.

Steigerung von Umstandswörter

Bei der Steigerung wird an den Stamm des Umstandsworts in der 1. Stufe -iau, in der 2. Stufe -iausiai angefügt.

Grundform	1. Stufe	2. Stufe
geraĩ	**geriaũ**	**geriáusiai**
gut	besser	am besten
gražiaĩ	**gražiaũ**	**gražiáusiai**
schön	schöner	am schönsten
hübsch	hübscher	am hübschesten

In der folgenden Liste sind Wörter zusammengefasst, die man immer benötigt:

iȓgi	auch	**žìnoma**	natürlich
betõ	außerdem	**tìk**	nur
ýpač	besonders	**labaĩ**	sehr
užtàt	dafür	**véltui**	umsonst
tãriant	das heißt	**būtinaĩ**	unbedingt
bevéik	fast	**gál**	vielleicht
visái	ganz	**tur bū́t**	wahrscheinlich
ganà	genug	**pãvyzdžiui**	zum Beispiel
bū́tent	nämlich	**kartù**	zusammen

Verhältniswörter

Die litauischen Verhältniswörter (Präpositionen), also: „in“, „bei“ usw., erfordern wie im Deutschen, dass das nachfolgende Hauptwort in einem bestimmten Fall steht, also gebeugt wird. Im Litauischen kann dies der 2., 4. oder 5. Fall sein.

Den 2. Fall fordern

añt	auf
bè	ohne
dẽl	wegen
tar̃p	zwischen
ìš	aus, von, seit (zeitl., örtl.)
nuõ	aus, von, seit (zeitl., örtl.)
ikì	bis (zeitl.,örtl.)
priẽ	zu, an
põ	nach (zeitl.)
šalià	neben, bei
ùž	hinter

Den 4. Fall fordern

apiẽ	über (z. B.: über etwas erzählen), etwa, ungefähr
į̃	nach (örtl.), zu, in (auf die Frage „Wohin?“)
pàs	zu
per̃	durch, während
priẽš	gegen, gegenüber, vor (örtl. und zeitl.)
prõ	durch, vorbei
ùž	für
põ	durch (örtl.)

sù	mit	**Den 5. Fall fordern**
põ	unter (örtl.)	

Es gibt hier also eine ganze Reihe von Abweichungen vom Deutschen. So verlangen beispielsweise ikì (bis), ìš und nuõ (beide: aus, von) im Litauischen den 2. Fall, während im Deutschen der 4. Fall steht.

ìš Leĩpcigo	**nuõ Miùncheno**
aus Leipzigs	*von Münchens*
aus Leipzig	von München

Selbst Städtenamen erhalten hier die entsprechenden Endungen.

Um auszudrücken, dass sich etwas „in", „an" befindet, benötigt man im Litauischen gar kein Verhältniswort, sondern der betreffende Ort wird in den 6. Fall gesetzt, z. B.:

Leĩpcige
in Leipzig

Will man sich nicht mit der Beugung befassen und lässt nach dem Verhältniswort das Hauptwort in der Grundform (1. Fall), kann man sich trotzdem verständlich machen.

Die 7 Fälle

Genauso wie im Deutschen werden im Litauischen die Hauptwörter, Eigenschaftswörter und die verschiedenen Fürwörter verändert, je nachdem, in welchem Fall sie gebraucht werden. Allerdings gestaltet sich das im Litauischen noch um einiges komplizierter, da es hier in Einzahl wie Mehrzahl je drei Fälle mehr gibt und zusätzlich allein bei den Hauptwörtern fünf Beugungsklassen. Wer sich nicht so intensiv mit dem Litauischen beschäftigen möchte, könnte als Alternative dazu zwischen zwei Varianten wählen. Zum einen kann man alles in der Grundform (1. Fall) aussprechen. In vielen Situationen wird man natürlich auch dann verstanden, allerdings kann es zu erheblichen Missverständnissen kommen. Zum anderen könnte man sich die Beugung schrittweise erschließen und zwar in Abhängigkeit von der Häufigkeit des Gebrauchs in der Reihenfolge: 4., 6., 2., 3., 5. und 7. Fall.

Wenn möglich, sollte man auf die Fragewörter achten, denn daran erkennt man oft schon den nötigen Fall in der Antwort.

2. Fall: **Kõ?** (Wessen? Weshalb? Warum?)
Kienõ? (Wessen? nur für Personen)

Von den vielen Anwendungsbereichen des 2. Falls hier nur einige:

Viele Verben und Präpositionen, die im Deutschen den 4. Fall. verlangen, erfordern im Litauischen den 2. Fall.

Jìs ieško sūnaũs.
Er sucht Sohnes (2.F.).
Er sucht den Sohn.

Mit dem 2. Fall bezeichnet man auch eine unbestimmte Menge, meist von Lebensmitteln oder Getränken, z. B.:

Dúok vỹno!
Gib Weines (2.F.)!
Gib (etwas) Wein!

Ist etwas nicht vorhanden oder besitzt man etwas nicht, steht das Fehlende im 2. Fall, z. B.:

Jìs netùri sūnaũs.
Er nicht-hat Sohnes (2.F.).
Er hat keinen Sohn.

3. Fall: Kám? (Wem? bzw. Wozu?)

Abgesehen von einigen Verben, die im Litauischen den 3. Fall verlangen, sollte man sich vor allem merken, dass der Adressat einer Handlung oft im 3. Fall steht.

Dúok sū̃nui vỹno!
Gib Sohn (3. F.) Weines (2.F.)!
Gib dem Sohn (etwas) Wein!

Der 4. Fall kommt wie im Deutschen relativ häufig vor, vor allem bei Verben und Präpositionen.

4. Fall: Ką? (Was? bzw. Wen?)

Dúok mán sū́nų!
Gib mir Sohn (4. F.)!
Gib mir den Sohn!

5. Fall: Kuõ? (Womit?)

Das Mittel, das bei einer Handlung eingesetzt wird, steht im 5. Fall. Daneben gibt es auch einige Verben und Umstandswörter, die den 5. Fall fordern.

Àš važiúoju su sūnumì.
Ich fahre mit Sohn (5. F.).
Ich fahre mit dem Sohn.

6. Fall: Kamè? (Worin?) oder **Kur̃?** (Wo?)

Der 6. Fall tritt immer bei Ortsangaben (im weitesten Sinne) auf. Ein Verhältniswort (Präposition) ist nicht erforderlich.

Jì gyvẽna Leĩpcige.
Sie wohnt Leipzig (6.F.).
Sie wohnt in Leipzig.

7. Fall

Das ist der „Anredefall“. Wer jemanden ansprechen, rufen oder jemandem schreiben möchte, setzt den Namen der betreffenden Person in den 7. Fall.

Labà dienà, Pētrai!
Guten Tag, Petras!

Beugung des Hauptwortes

Beim Hauptwort unterscheidet man nach den Endungen im 1. Fall Einzahl, unabhängig vom Geschlecht, fünf Beugungsklassen. Die zu den Beugungsklassen gehörenden Endungen sind aus den Tabellen auf den folgenden Seiten zu ersehen. In jeder Klasse gibt es wiederum verschiedene Gruppen, die sich durch ihre Betonung unterscheiden. Um einen groben Überblick zu ermöglichen, habe ich jedoch nur die Wortendungen in den einzelnen Beugungsklassen aufgeführt.

In vielen Fällen ist der letzte Buchstabe der Endung in den meisten Beugungsklassen gleich. Deshalb kann man folgendes, sehr stark vereinfachtes Grundschema nutzen:

Fall	Ez.m.	Ez.w.	Mz.m.	Mz.w.
2.	**-(i)ų**			
3.	**-(i)ui**	**-(i)ai**	**-ms**	
4.	**-(i)ą, -į, -(i)ų**	**-(i)ą, -į, -ę**	**-(i)us***	**-(i)as, -is, -es**
5.	**-(i)ais**	**-mis**		
6.	**-e oder -je**	**-se**		

* *Beachten Sie: In der III. Klasse lautet die Endung* -is.

Tritt im 1. Fall Einzahl in bzw. vor der Endung ein i auf (z. B. kẽlias = Weg) dann zieht es sich durch fast alle Fälle hindurch. In der Tabelle ist das in Klammern durch (i) gekennzeichnet.

Die 7 Fälle

Die Endungen des 2. Falls Einzahl lassen sich nicht vereinheitlichen. In den Wörterlisten im Anhang findet man jedoch zu jedem Hauptwort diese Endung mit angegeben.

Für ausgesprochene Interessenten an Grammatik sei hier eine ziemlich vollständige Liste der Beugungsendungen angeführt.

Der 4. Fall endet in der Einzahl immer auf einen Selbstlaut mit Häkchen, und zwar ist das immer derselbe wie der letzte (bei weiblichen) bzw. vorletzte (bei männlichen Hauptwörtern) Selbstlaut der Grundform, dort allerdings ohne Häkchen. Fügt man bei weib-

▶Einzahl

	I. Klasse					**II. Klasse**		**III. Klasse**
1.	**-as**	**-ias**	**-is**	**-ys**	**-jas**	**-(i)a**	**-ė**	**-is**
2.	**-o**	**-io**	**-io**	**-io**	**-jo**	**-(i)os**	**-ės**	**-ies**
3.	**-ui**	**-iui**	**-iui**	**-iui**	**-jui**	**-(i)ai**	**-ei**	**-iai** (m.)/**-iui** (w.)
4.	**-ą**	**-ią**	**-į**	**-į**	**-ją**	**-(i)ą**	**-ę**	**-į**
5.	**-u**	**-iu**	**-iu**	**-iu**	**-ju**	**-(i)a**	**-e**	**-imi**
6.	**-e**	**-yje**	**-yje**	**-yje**	**-juje**	**-(i)oje**	**-ėje**	**-yje**
7.	**-e, -ai**	**-y**	**-i**	**-y**	**-jau**	**-(i)a**	**-e**	**-ie**

▶Mehrzahl

	I. Klasse		**II. Klasse**		**III. Klasse**
1.	**-(i)ai**	**-jai**	**-(i)os**	**-ės**	**-ys**
2.	**-(i)ų**	**-jų**	**-(i)ų**	**-ių**	**-ių**
3.	**-(i)ams**	**-jams**	**-(i)oms**	**-ėms**	**-ims**
4.	**-(i)us**	**-jus**	**-(i)as**	**-es**	**-is**
5.	**-(i)ais**	**-jais**	**-(i)omis**	**-ėmis**	**-imis**
6.	**-(i)uose**	**-juose**	**-(i)ose**	**-ėse**	**-yse**
7.	**-(i)ai**	**-jai**	**-(i)os**	**-ės**	**-ys**

lichen Wörtern noch ein s an, hat man schon den 4. Fall Mehrzahl gebildet. Die männlichen enden im 4. Fall Mehrzahl auf -(i)us, bzw. in der III. Klasse auf -is.

1. Fall Ez.	4. Fall Ez.	4. Fall Mz.
gãtvė (w.) Straße	**gãtvę**	**gãtves**
mìškas (m.) Wald	**mìšką**	**mìškus**

IV. Klasse		V. Klasse mit Stammerweiterung		
		-er- (Schwester)	**-en-** (Herbst)	**-es-** (Monat)
-us	**-ius**	**sesuõ**	**ruduõ**	**mė́nuo**
-aus	**-iaus**	**seser̃s**	**rudeñs**	**mė́nesio**
-ui	**-iui**	**sẽseriai**	**rùdeniui**	**mė́nesiui**
-ų	**-ių**	**sẽserį**	**rùdenį**	**mė́nesį**
-umi	**-iumi**	**sẽseria**	**rùdeniu**	**mė́nesiu**
-uje	**-iuje**	**seseryjé**	**rudenyjè**	**mė́nesyje**
-au	**-iau**	**seseriẽ**	**rudeniẽ**	**mė́nesi**

IV. Klasse		V. Klasse mit Stammerweiterung		
-ūs	**-iai**	**sẽserys**	**rùdenys**	**mė́nesiai**
-ų	**-ių**	**seserų̃**	**rudenų̃**	**mė́nesių**
-ums	**-iams**	**seserìms**	**rudenìms**	**mė́nesiams**
-us	**-ius**	**sẽseris**	**rùdenis**	**mė́nesius**
-umis	**-iais**	**seserimìs**	**rudenimìs**	**mė́nesiais**
-uose	**-iuose**	**seserysè**	**rudenysè**	**mė́nesiuose**
-ūs	**-iai**	**sẽserys**	**rùdenys**	**mė́nesiai**

Die V. Beugungsklasse umfasst einige Wörter, die im 1. Fall Einzahl auf -uo bzw. -ė enden und deren Stamm sich bei der Beugung in Ein- und Mehrzahl erweitert. Da es sich nur um relativ wenige Wörter handelt, wurden in der Tabelle einige wichtige vollständig gebeugt.

Beugung der Eigenschaftswörter

Für die Notwendigkeit, sich auch mit der Beugung dieser beiden Wortarten zu beschäftigen, gilt sinngemäß das für die Hauptwörter Gesagte.

Hauptwörter treten meist zusammen mit einem hinweisenden Fürwort oder einem Eigenschaftswort bzw. beidem gleichzeitig auf. Die Beugungsendungen dieser drei verschiedenen Wortarten ähneln sich etwas.

Anhand je eines männlichen und weiblichen Wortes sei die Beugung von tàs (dieser) bzw. tà (diese) und eines Eigenschaftswortes als Beispiel demonstriert. Zum leichteren Einprägen sei darauf verwiesen, dass die Beugungsendungen von tàs (dieser) und tà (diese) fast vollständig mit denen der persönlichen Fürwörter jìs (er) und jì (sie) übereinstimmen.

	Einzahl männlich „dieser gute Mann“	Einzahl weiblich „dieses gute Buch“
1.	**tàs gẽras výras**	**tà gerà knygà**
2.	**tõ gẽro výro**	**tõs gerõs knỹgos**
3.	**tám gerám výrui**	**tái gẽrai knỹgai**
4.	**tą̃ gẽrą výrą**	**tą̃ gẽrą knỹgą**
5.	**tuõ gerù výru**	**tà gerà knygà**
6.	**tamè geramè výre**	**tojè gerojè knygojè**

Mehrzahl (männlich) „diese guten Männer"	Mehrzahl (weiblich) „diese guten Bücher"
1. **tiẽ gerì výrai**	**tõs gẽros knỹgos**
2. **tų̃ gerų̃ výrų**	**tų̃ gerų̃ knỹgų**
3. **tíems geríems výrams**	**tóms geróms knỹgoms**
4. **tuõs gerùs výrus**	**tàs geràs knygàs**
5. **taĩs geraĩs výrais**	**tomìs geromìs knỹgomis**
6. **tuosè geruosè výruose**	**tosè gerosè knỹgose**

Beugung der persönlichen Fürwörter

▶Einzahl

	1. Person	2. Person	3. Person	
1.	**àš** (ich)	**tù** (du)	**jìs** (er)	**jì** (sie)
2.	**manę̃s** (meiner)	**tavę̃s** (deiner)	**jõ** (seiner)	**jõs** (ihrer)
3.	**mán** (mir)	**táu** (dir)	**jám** (ihm)	**jái** (ihr)
4.	**manè** (mich)	**tavè** (dich)	**jį̃** (ihn)	**ją̃** (sie)
5.	**manimì**	**tavimì**	**juõ**	**jà**
6.	**manyjè**	**tavyjè**	**jamè**	**jojè**

▶Mehrzahl

	1. Person	2. Person	3. Person	
1.	**mẽs** (wir)	**jū̃s** (ihr/Sie)	**jiẽ**	**jõs** (sie)
2.	**mū́sų** (unser)	**jū́sų** (euer/Ihr)	**jų̃**	**jų̃** (ihrer)
3.	**mùms** (uns)	**jùms** (euch/Ihnen)	**jíems**	**jóms** (ihnen)
4.	**mùs** (uns)	**jùs** (euch/Sie)	**juõs**	**jàs** (sie)
5.	**mumìs**	**jumìs**	**jaĩs**	**jomìs**
6.	**mumysè**	**jumysè**	**juosè**	**josè**

Satzaufbau

Die Wortfolge im litauischen Satz ist wie im Deutschen meist Satzgegenstand - Satzaussage - Ergänzung (Subjekt - Prädikat - Objekt). Jedoch gilt diese Regel nicht streng.

Subjekt	Prädikat	Objekt
Jìs	**užsãkė**	**kabarį.**
Er	*bestellte*	*Zimmer.*
Er	bestellte	ein Zimmer.

Besteht das Prädikat aus mehreren Teilen steht das Hilfsverb in der Regel direkt vor dem Vollverb in der Grundform. Dann erst folgt das Objekt. Im Deutschen werden die beiden Verben durch das Objekt getrennt.

Jìs tùri užsakýti kabarį.
Er muss bestellen Zimmer.
Er muss ein Zimmer bestellen.

Fragen

Man unterscheidet zwischen Entscheidungsfragen (Antwort Ja oder Nein) und Fragen mit Fragewörtern (Antwort ist vollständiger Satz).

Entscheidungsfragen

Die einfachsten Fragen bildet man, indem man an den Anfang eines normalen Aussagesatzes das Wörtchen ar̃ setzt.

Die Fragepartikel ar̃ *hat keine eigene Bedeutung. In der Wort-für-Wort-Übersetzung steht an dessen Stelle deshalb nur FW (Fragewort).*

Ar̃ tù žinaĩ?	**Ar̃ taĩ kavìnė?**
FW du weißt?	*FW das Café?*
Weißt du das?	Ist das ein Café?

K-Fragen

K-Fragen sind Fragen mit „echten" Fragewörtern, die im Litauischen alle mit „k" beginnen und im Deutschen mit „w":

Kàs?	Wer? Was?	**Kur̃?**	Wo/hin?
Kienõ?	Wessen?	**Kadà?**	Wann?
Kám?	Wem? Wozu?	**Kodė̃l?**	Warum?
Ką̃?	Was? Wen?	**Kíek?**	Wie viel?
Kuõ?	Womit? Wodurch?	**Kaĩp?**	Wie?
Kõ?	Wessen? Weshalb? Warum?	**Kamè?**	Worin?

Iš kur̃?	**Nuõ kadà?**
Von wo? Woher?	Von (ab, seit) wann?

Kuȓ tù einì?
Wohin du gehst?
Wo gehst du hin?

Kuȓ Jū̃s gyvẽnate?
Wo Sie wohnen?
Wo wohnen Sie?

Bei den folgenden Fragewörtern muss man darauf achten, ob sich das Fragewort auf ein männliches oder weibliches Hauptwort bezieht. Dementsprechend gibt es auch noch Mehrzahlformen. Diese Fragewörter werden wie Eigenschaftswörter gebeugt.

Kurì (s) ?	Welche (r) ?
Kokià?	Was für eine?
Kóks?	Was für einer?
Kelintà?	Die Wievielte?
Keliñtas?	Der Wievielte?
Kelì?	Wie viele? (für männlich)
Kẽlios?	Wie viele? (für weiblich)

Kóks taĩ muziẽjus?
Was-für-ein das Museum?
Was ist das für ein Museum?

Kelintà valandà?
Wievielte Stunde?
Wie spät ist es?

Bejahung & Verneinung

Ar̃-Fragen fordern eine Entscheidung, die meist mit einem kurzen „Ja" oder „Nein" fällt.

Bejahung

Um eine Frage zu bejahen, wiederholt der Litauer aber auch häufig einen Teil der Frage, oft die Satzaussage. Das „Ja" muss dann nicht unbedingt auftauchen.

Ar̃ tù buvaĩ teatrè?
FW du warst Theater (6.F.)?
Warst du im Theater?

Taĩp.	**Buvaũ.**	**Taĩp, buvaũ.**
Ja.	*(Ich-)war.*	*Ja, (ich-)war.*
	Ja, ich war.	Ja, ich war.

Oft erwartet der Fragende ein Einverständnis, das man mit Hilfe der folgenden Wörter und Wendungen äußern könnte:

Taĩp.	Ja.
Geraĩ.	Gut.
Sutinkù.	Einverstanden.
Žìnoma.	Natürlich.
Mielaĩ.	Gern.
Áišku.	Klar.
Puikù.	Wunderbar.
Teisìngai.	Richtig.

Verneinung

Nè!
Nein!

Die Verneinung von Wörtern erfolgt mit der Vorsilbe nè-, die mit dem Wort verschmilzt:

nėrà (aus: **nè yrà**)	ist nicht vorhanden
negẽras	nicht gut, ungut
netolì	nicht weit, unweit
netvarkà	Unordnung

Bei der Verneinung der Satzaussage (Prädikat) erhält das Tätigkeitswort die Vorsilbe nè-, z. B.:

Nežinaũ.
(Ich-)nicht-weiß.
Ich weiß nicht.

Wird nur ein Satzteil verneint, steht nè als selbständiges Wort vor dem verneinten Satzteil, z. B.:

Jìs važiãvo nè į Vìlnių (bèt į Kaũną).
Er fuhr nicht nach Vilnius (sondern nach Kaunas).

Bei Verwendung verneinender Fürwörter (niemand, nichts ...) wird sowohl das Fürwort als auch das Verb verneint. Das bedeutet aber keinesfalls eine Bejahung, z. B.:

niẽkas ne...	niemand, nichts (als Subjekt)
niẽkada ne...	niemals
niẽkur ne...	nirgendwo
niẽko ne...	nichts (als Objekt)

Niẽkur nebùvo viẽtos.
Nirgendwo nicht-war Platzes (2.F.).
Nirgendwo war Platz.

Niẽko nepadarýsi!
Nichts nicht-VS-machen-wirst!
Nichts zu machen!

Übrigens bedeutet **Niẽko!** auch: „Macht nichts!“

Bindewörter

Aneinanderreihungen von Wörtern erhalten meist erst durch Bindewörter einen Sinn.

ir̃	und, auch
ar̃	oder, ob
arbà	oder
õ	und, doch, aber
bèt	aber, sondern
nès	weil, denn
nórs	obwohl, trotzdem
tačiaũ	dennoch, trotzdem
dėltõ	deshalb

jéi (jéigu)	wenn, falls
kaĩ	wenn, als
kàd	dass
kõl	solange
iȓ ... iȓ ...	sowohl ... als auch ...
arbà (aȓ) ... arbà (aȓ)	entweder ... oder ...

Wenn man die Bindewörter kennt, sind zusammengesetzte Sätze kein Problem mehr. Im Unterschied zum Deutschen bleibt aber die Wortfolge Subjekt-Prädikat-Objekt in den zu verbindenden Sätzen weitgehend erhalten.

Jìs nóri válgyti, õ jì nenóri.
Er möchte essen, aber sie nicht-möchte.
Er möchte essen, aber sie nicht.

Jiẽ neatė̃jo, nès jiẽ neturė́jo laĩko.
Sie nicht-VS-gingen, weil sie nicht-hatten Zeit.
Sie kamen nicht, weil sie keine Zeit hatten.

Àš žinaũ, kàd tù neturì pinigų̃.
Ich weiß, dass du nicht-hast Geldes (2.F.).
Ich weiß, dass du kein Geld hast.

Zahlen & Zählen

Für die Zahlen 1 bis 9 (außer 3) gibt es in Abhängigkeit vom Geschlecht des folgenden Hauptwortes eine männliche und eine weibliche Variante.

Grundzahlen

1	**víenas/vienà**	6	**šešì/šẽšios**
2	**dù/dvì**	7	**septynì/septýnios**
3	**trỹs/trỹs**	8	**aštuonì/aštúonios**
4	**keturì/kẽturios**	9	**devynì/devýnios**
5	**penkì/peñkios**		

Zuerst steht die männliche Variante, nach dem Schrägstrich steht die weibliche Variante.

víenas lìtras
ein Liter

vienà valandà
eine Stunde

Die Zahlen 11 bis 19 haben die Endung -lika. Die Zehner werden mit -dešimt (zehn) gebildet.

11	**vienúolika**	10	**dẽšimt**
12	**dvýlika**	20	**dvìdešimt**
13	**trýlika**	30	**trìsdešimt**
14	**keturiólika**	40	**kẽturiasdešimt**
15	**penkiólika**	50	**peñkiasdešimt**
16	**šešiólika**	60	**šẽšiasdešimt**
17	**septyniólika**	70	**septýniasdešimt**
18	**aštuoniólika**	80	**aštúoniasdešimt**
19	**devyniólika**	90	**devýniasdešimt**

100	**šim̃tas**	200	**dù šimtaĩ**

Die Zahlwörter für 100 und 1000 sind männliche Hauptwörter auf -as *bzw.* -is. *„Tausend" heißt* tū́kstantis.

Ordnungszahlen

Ordnungszahlen verändern sich in Abhängigkeit vom Geschlecht, der Zahl und dem Fall des Hauptworts. Sie haben Endungen wie Eigenschaftswörter der 1. Beugungsklasse (vgl. gẽras „gut") und werden wie diese gebeugt. Die Endungen der Ordnungszahlen verändern sich regelmäßig:

männlich	**-as** (Ez)	**-ì** (Mz)
weiblich	**-à** (Ez)	**-os** (Mz)

pìrmas žmogùs
der erste Mensch

pirmì žmónės
die ersten Menschen

pirmà móteris
die erste Frau

pìrmos móterys
die ersten Frauen

Ein Lautwechsel erfolgt bei:

trẽčias	**trečià**	**tretì** (m.)	**trẽčios** (w.)
der dritte	die dritte	die dritten	die dritten

pìrmas	der 1.	**vienúoliktas**	der 11.
añtras	der 2.	**dvýliktas**	der 12.
trẽčias	der 3.	**trýliktas**	der 13.
ketvir̃tas	der 4.	**devyniólikatas**	der 19.
peñktas	der 5.	**dvidešim̃tas**	der 20.
šẽštas	der 6.	**trisdešim̃tas**	der 30.
septiñtas	der 7.	**šim̃tas**	der 100.
aštuñtas	der 8.	**tū̃kstantas**	der 1000.
deviñtas	der 9.		
dešim̃tas	der 10.		

Auffällig bei den Ordnungszahlen ist das eingeschobene -t- wie bei deutschen Ordnungszahlen. Nur pìrmas (der erste) und trẽčias (der dritte) stellen eine Ausnahme dar.

Zusammengesetzte Zahlen

Ob es sich bei Zahlenschlangen um eine Grund- oder eine Ordnungszahl handelt, ist nur aus der letzten Zahlenkomponente zu ersehen, denn die ersten Komponenten sind immer Grundzahlen. Im Unterschied zum Deutschen stehen die Zehner vor den Einern.

tū̃kstantis trỹs šimtaĩ dvìdešimt penkì
tausend drei hundert zwanzig fünf
tausenddreihundertfünfundzwanzig = 1325

tū̃kstantis trỹs šimtaĩ dvìdešimt peñktas
tausend drei hundert zwanzig fünfter
der tausenddreihundertfünfundzwanzigste = 1325.

Zahlenschlangen dieser Art benötigt man vor allem bei Jahreszahlen. Im Deutschen steht am Ende der Jahreszahl eine Grundzahl. Im Litauischen dagegen ist die letzte Ziffer eine Ordnungszahl.

tū̃kstantis devynì šimtaĩ devýniasdešimt pirmì mẽtai
tausend neun hundert neunzig erste Jahre
das Jahr Neunzehnhunderteinundneunzig

Auf die Frage: **Kuriaĩs mẽtais?** (In welchem Jahr?) wird sowohl in der Frage als auch in der Antwort der 5. Fall angewendet, das heißt die Ordnungszahl am Ende der Zahlenschlange und mẽtai (Jahre) erhalten die Endung -ais.

tū́kstantis devynì šimtaĩ devýniasdešimt pirmaĩs mẽtais
tausend neun hundert neunzig erste Jahre (5. Fall)
im Jahre Neunzehnhunderteinundneunzig

Altersangaben

Will man Altersangaben grammatisch korrekt bilden, muss die Person im 3. Fall stehen.

Mẽtai (Jahre) ist ein Mehrzahlwort. Um nun Mehrzahlwörter zu zählen, gibt es in der litauischen Sprache von 1 bis 9 spezielle Zahlwörter. Ab 10 benutzt man die Grundzahlen. Nach 1 bis 9 folgt mẽtai (1. Fall), nach 11 bis 19 und allen „runden" Zehnern, Hundertern usw. mẽtų (2. Fall).

1	**vienerì**	4	**ketverì**	7	**septynerì**
2	**dvejì**	5	**penkerì**	8	**aštuonerì**
3	**trejì**	6	**šešerì**	9	**devynerì**

Kíek Jùms mẽtų?
Wieviel Ihnen Jahre?
Wie alt sind Sie?

Mán trìsdešimt trejì mẽtai.
Mir dreißig drei Jahre.
Ich bin dreiunddreißig.

Zeitangaben

Auch bei den Zeitangaben bleibt einem die Beugung nicht erspart.

Allgemeine Zeitangaben

laĩkas	Zeit
minùtė	Minute
valandà	Stunde
dienà	Tag
naktìs	Nacht
saváitė	Woche
mė́nuo	Monat
mẽtai	Jahr (Jahre)
rytaĩs	morgens
rytè	am Morgen
priešpiẽt	vormittags
pietų̃ metù	mittags
popiẽt	nachmittags
vakaraĩs	abends
vakarè	am Abend
naktimìs	nachts
nãktį	in der Nacht
ùžvakar	vorgestern
vãkar	gestern
šiañdien	heute
rytój	morgen
porýt	übermorgen
práeitą saváitę	vorige Woche
kìtą saváitę	nächste Woche

práeitą mėnesį	vorigen Monat
kìtą mėnesį	nächsten Monat
praeitaĩs mẽtais	voriges Jahr
kitaĩs mẽtais	nächstes Jahr
vãkar vakarè	gestern Abend
rytój rytè	morgen früh

Uhrzeit

Kelintà dabar̃ valandà?
Wievielte jetzt Stunde?
Wie spät ist es jetzt?

Zur Beantwortung dieser Frage benutzt man für die Angabe der Stunden die Ordnungszahlen, für die Minuten die Grundzahlen. Bei präziseren Zeitangaben bleibt der Verweis auf die Uhr jedoch das beste Hilfsmittel, denn bei dem Versuch, die richtigen Endungen für die Zahlwörter zu finden, geht nur unnötig Zeit verloren.

Die „volle" Stunde wird mit der Ordnungszahl im 1. Fall ausgedrückt. Wer noch konkreter werden will, setzt die Angabe der Tageszeit hinzu.

Pirmà valandà (naktiẽs).
Erste Stunde (Nacht,2.F.).
1 Uhr (nachts).

Bei Minutenangaben bezieht man sich grundsätzlich auf die volle Stunde: „Sechs

Uhr zehn" wird zu „zehn (Minuten) der siebenten (Stunde)". Nach pùsė (halb) und penkiólika (Viertel) sowie allen Minuten bis dreißig steht das Ordnungszahlwort für die volle Stunde im 2. Fall weiblich. Valandõs (Stunde/2.F.) denkt man sich nur, spricht es aber nicht aus.

Dẽšimt minùčių trečiõs.
Zehn Minuten (2.F.) dritten.
Zehn nach zwei.

Pùsė antrõs.
Halb zweiten.
Halb zwei.

Penkiólika trečiõs.
Fünfzehn dritten.
Viertel nach zwei.

Nach der halben Stunde zieht man die verbleibenden Minuten bis zur nächsten vollen Stunde ab. Man benötigt dazu das Verhältniswort bè (ohne), das den 2. Fall verlangt. Die Stunde steht im 1. Fall weiblich.

Bè penkiólikos penktà.
Ohne fünfzehn (2.F.) fünfte.
Drei Viertel fünf.

Bè dẽšimt minùčių penktà.
Ohne zehn Minuten (2.F.) fünfte.
Zehn vor fünf.

Wie schon erwähnt, kommt man bei den Grundzahlwörtern auch gut mit dem 1. Fall aus, wenn es nur darum geht, verstanden zu werden. Die Zehner (dẽšimt „zehn" usw.) werden zudem grundsätzlich nicht gebeugt, so dass man nichts falsch machen kann.

Wochentage

In den Namen der Wochentage sind die Ordnungszahlen versteckt (der erste, zweite ... Tag). Aus dienà (Tag) wird -dienis. Nur der Sonntag bildet eine leichte Ausnahme.

Kurì šiañdien dienà?
Welcher heute Tag?
Welcher Tag ist heute?

pirmãdienis	Montag
antrãdienis	Dienstag
trečiãdienis	Mittwoch
ketvirtãdienis	Donnerstag
penktãdienis	Freitag
šeštãdienis	Sonnabend
sekmãdienis	Sonntag (aber: septintà „siebente")

Auch hier verwendet man den 4. Fall auf die Frage Kadà? (Wann?), wenn man einen konkreten Wochentag im Auge hat.

pirmãdienį	am Montag
antrãdienį	am Dienstag

Monatsnamen

Kurìs dabar̃ mė́nuo?
Welcher jetzt Monat?
Welchen Monat haben wir jetzt?

saũsis/io	Januar
vasãris/io	Februar
kóvas/o	März
balañdis/džio	April
gegužė̃/ės	Mai
biržẽlis/io	Juni
líepa/os	Juli
rugpjū̃tis/čio	August
rugsė́jis/io	September
spãlis/io	Oktober
lãpkritis/čio	November
grúodis/džio	Dezember

Nach dem Querstrich stehen die Endungen für den 2. Fall. Dieser wird bei Datumsangaben bzw. zur Beantwortung der Frage Kadà? (Wann?) benötigt. Dann nennt man nämlich zuerst den Monatsnamen im 2. Fall und fügt mė́nesį (im Monat) hinzu, z. B.:

saũsio mė́nesį	im Januar
vasãrio mė́nesį	im Februar

Jahreszeiten

pavãsaris	Frühling
pavãsarį	im Frühling

vãsara	Sommer
vãsarą	im Sommer
ruduõ	Herbst
rùdenį	im Herbst
žiemà	Winter
žiẽmą	im Winter

Datumsangaben

Beim Datum (datà) steht zuerst der Monatsname im 2. Fall. Es folgt die Tagesangabe mit einem abgewandelten Ordnungszahlwort mit der Endung -oji.

Kelintà šiañdien dienà?
Wievielter heute Tag?
Der Wievielte ist heute?

Šiañdien kóvo šeštóji.
Heute März (2.F.) sechster.
Heute ist der 6. März.

Kelintà vãkar bùvo?
Wievielter gestern war?
Der Wievielte war gestern?

Vãkar bùvo vienuóliktoji.
Gestern war elfter.
Gestern war der elfte.

Nützliche Zeitwörter

jaũ	schon
dár	noch
seniaĩ	seit langem
neseniaĩ	vor kurzem
ankstì	zeitig
vėlaĩ	spät
tuojaũ	gleich
vėliaũ	später
dabar̃	jetzt
netrùkus	bald
dažnaĩ	oft
retaĩ	selten
visadà	immer
kar̃tais	manchmal
pirmà	vorher/zuerst
paskuĩ	nachher

Die Litauer

Zweifellos sind die Litauer **Patrioten,** auch die ca. eine Million Litauer, die inzwischen im Ausland (vor allem in den USA, Kanada, Südamerika und Australien) leben. Sie lieben ihre Heimat über alles!

Svetur̃ geraĩ, bèt namiẽ visų geriaũsia.
In-Fremde gut, doch zu-Hause alles Beste.
Zu Hause ist's doch am schönsten!

Die Litauer gelten als fried-, freiheits- und wahrheitsliebend und verfügen über einen ausgeprägten Gerechtigkeitssinn. Ihr **Verhältnis zu anderen Völkern** wird maßgeblich dadurch bestimmt, wie man sich zu ihnen verhält (nach dem Motto: Wie du mir, so ich dir!). Im Vergleich zu den Russen und Polen haben die Deutschen bei den Litauern einen guten Stand. Man achtet ihre Kultur und sieht sogar die ein oder andere Gemeinsamkeit in der Mentalität. Übrigens bestand noch bis zum Zweiten Weltkrieg die Bevölkerung zu einigen Prozenten aus Deutschen. Das 1924 unter litauische Oberhoheit gestellte Memelland (heutiges Gebiet um Klaipėda) wurde gar mehrheitlich von Deutschen bewohnt.

Die Litauer sind aufgeschlossen gegenüber allem Neuem, neugierig auf andere Menschen, andere Länder und Völker. Ausländische Gäste werden sehr freundlich aufgenommen.

Die jahrhundertelange Auseinandersetzung mit den Unbilden der **Natur** (Wind, Wasser ...) hat den Mut und Arbeitswillen der Litauer gestählt und ihre Naturverbundenheit begründet. Hervorzuheben ist auch ihre künstlerische Ader: ihr großes Interesse an Literatur, Malerei, Theater oder Gesang. Und dennoch sagt man den Litauern – wie im Übrigen allen nordischen Völkern – eine gewisse Schwerfälligkeit nach.

Abgesehen von diesen allgemeineren Charaktereigenschaften gibt es feine „Unterschiede" unter den Litauern: So sollen die Niederlitauer (žemaĩčiai) etwas zögernd (langsam) bis zurückhaltend und auch hartnäckig bis stur sein. Die Oberlitauer (aukštaĩčiai) dagegen gelten in der Regel als rational denkend, vorsichtig und ordnungsliebend. Die im Südosten lebenden Litauer (dzū̃kai) sind ein lustiges, gutmütiges und besonders gastfreundliches Völkchen. Nun kann jeder selbst prüfen, wo es gewisse Parallelen gibt ...

Religion: 2,5 Mio. Einwohner Litauens sind katholisch. Seit den Unabhängigkeitsbestrebungen spielt der Glauben wieder eine größere Rolle in Litauen. An den Schulen wurde der fakultative Religionsunterricht eingeführt, der sehr rege besucht wird. Es werden neue Kirchen erbaut, da immer mehr Menschen, vor allem auch Jugendliche, regelmäßig Gottesdiensten beiwohnen wollen.

Die Familie

Ausgeprägter als im westlicheren Europa ist in Litauen das Gefühl der Zusammengehörigkeit ihnerhalb der Familie. Neben den Eltern, Kindern, Großeltern und Enkeln gehören in jedem Fall auch die Schwiegereltern und Paten zur Familie. Man besucht sich nicht nur zu den Feiertagen und hilft sich nicht nur, wenn Not am Mann ist. Sind die Kinder bereits aus dem Haus und haben ihre eigene Minifamilie gegründet (die Tendenz geht hin zur Einkindfamilie), heißt das nicht, dass man ab jetzt nur noch an sich denkt. Die Probleme der Eltern haben weiterhin Vorrang vor den eigenen Sorgen. Bis ins hohe Alter teilt man deren Alltagssorgen und -freuden mit. Diskussionen um eine mögliche Unterbringung in einem Altersheim kommen gar nicht erst auf. Andererseits steht aber auch immer die rüstige Oma zur Verfügung, wenn das Enkelkind ihrer bedarf.

Dass man gerade zur Mutter eine besonders herzliche Beziehung hat, zeigt sich vor allem am Muttertag (**mótinos dienà**). Am ersten Maisonntag ehren die kleinen und „großen Kinder" ihre Mutter mit Blumen oder gedenken ihrer an ihrem Grab.

Wer gehört zur Familie? Das Litauische ist sehr reich an verschiedensten Koseformen für die einzelnen Familienmitglieder, vor allem für Vater, Mutter, Großmutter und -vater.

šeimà	Familie
výras	Ehemann
žmonà	Ehefrau
tėvaĩ	Eltern
tė́vas	Vater
tė̃tė	Vati
tėtùlis	Papa
tėvùkas	Papa
mótina	Mutter
mamà	Mama
mamýtė	Mama
senẽliai	Großeltern
senẽlis	Großvater
senùtis	Opa
šeimininKas	Hausherr, Gastgeber
seimininKė	Hausfrau, Gastgeberin
senẽlė	Großmutter
senùtė	Oma
vaikaĩ	Kinder
sūnùs	Sohn
duktė̃	Tochter
anū̃kai	Enkelkinder
anū̃kas	Enkelsohn
anū̃kė	Enkeltochter
dė̃dė	Onkel
tetà	Tante
brólis	Bruder
sesuõ	Schwester
pùsbrolis	Cousin
pùsseserė	Cousine

Namen

Vor der ersten Begegnung mit Litauern ist es ratsam, sich ein paar Kenntnisse über die Eigenarten litauischer Namen anzueignen, denn sie geben mitunter sogar Aufschluss über den Familienstand.

Recht leicht lassen sich männliche und weibliche **Vornamen** voneinander unterscheiden, wenn man im Auge behält, dass alles, was auf -s endet, männlich ist, alles, was auf -a und -e, endet, weiblich.

Die **Familiennamen** sind nicht unveränderlich, sondern treten in mindestens drei Varianten auf: eine männliche und zwei weibliche. Den Männern wird es leicht gemacht, denn sie erfahren aus der Endung des weiblichen Familiennamens, ob eine Dame noch zu haben oder schon vergeben ist. So endet die weibliche Form für Mädchen und ledige Frauen auf -tė und für verheiratete auf -ienė. Die männliche Form erhält auch hier in den meisten Fällen als Endung -s.

Meint man die **Familie im Ganzen,** so bildet man die Mehrzahl der männlichen Form. Spricht man von einer litauischen Familie im Deutschen, bezieht man sich allerdings immer auf die männliche Variante. So gehören beispielweise zu den Petráuskai, d. h. zur Familie Petráuskas, die Tochter Aušrà Petrauskáitė, die Mutter Irèna Petrauskíene, und der Vater Jõnas Petráuskas.

Der erste Kontakt

Was ist für einen Litauer wohl interessanter als Ausländer zu befragen, wie sie sich in das kleine Ostseeland „verirrt“ haben und woher sie kommen. Auf einen unsicheren Blick Ihrerseits wird meist blitzschnell reagiert.

Ar̃ Jùms padė́ti?
FW Ihnen helfen?
Kann ich Ihnen helfen?

Ãčiū, mielaĩ.
Danke, gern.

Ìš kur̃ Jū̃s?
Von wo Sie?
Woher kommen Sie?

ìš Vokietìjos	aus Deutschland
ìš Šveicãrijos	aus der Schweiz
ìš Áustrijos	aus Österreich
ìš Olandijos	aus den Niederlanden

Jū̃s geraĩ kal̃bate lietùviškai!
Sie gut sprechen litauisch!
Sie sprechen gut Litauisch!

Nè, tìk trùputį.
Nein, nur bisschen.
Nein, nur ein bisschen.

Ar̃ Jū̃s kal̃bate vókiškai?
FW Sie sprechen deutsch?
Sprechen Sie Deutsch?

ángliškai	Englisch
prancūziškai	Französisch
rùsiškai	Russisch

Ką Jūs veĩkiate čià?	**Àš atostogáuju.**
Was Sie machen hier?	*Ich Urlaub-mache.*
Was machen Sie hier?	Ich mache Urlaub.

Grüßen & Abschied

Ebenso wie im Deutschen begrüßt man sich entsprechend der Tageszeit. Allerdings gibt es dabei mehrere Formen.

Lãbas rýtas! (1.F.)	**Labà dienà! (1.F.)**
Lãbą rýtą! (4.F.)	**Lãbą diẽną! (4.F.)**
Guten Morgen!	Guten Tag!

Lãbas vãkaras! (1.F.)	**Labõs naktiẽs! (2.F.)**
Lãbą vãkarą! (4.F.)	**Labãnaktis!**
Guten Abend!	**Labãnakt!**
	Gute Nacht!

Wer einen salopperen Ton bevorzugt, sagt kurz und bündig:

Lãbas!
Gut!
Sei(d) gegrüßt!

Anstelle von lãbas *kann auch* sveĩkas *(gesund) stehen, das eigentlich ein Eigenschaftswort ist.*

Je nachdem, ob eine oder mehrere männliche bzw. weibliche Personen gegrüßt werden, verändern sich deshalb auch die Endungen wie bei einem Eigenschaftswort. Die Person, die gegrüßt wird, steht im Anredefall (7. Fall).

Sveĩkas, Pẽtrai!	**Sveikì, draugaĩ!**
Gesund, Petras!	*Gesund, Freunde!*
Grüß dich, Petras!	Grüßt euch, Freunde!

Sveikà, Irèna!	**Sveĩkos, mergáitės!**
Gesund, Irena!	*Gesund, Mädchen!*
Grüß dich, Irena!	Grüßt euch, Mädchen!

Natürlich ist es angebracht, sich auch nach dem Befinden oder Neuigkeiten zu erkundigen.

Kaĩp laĩkotės?	**Dė́kui, neblogaĩ.**
Wie (Sie) halten-sich?	*Danke, nicht-schlecht.*
Wie geht es Ihnen/euch?	Danke, gut.

Sveikì atvỹkę!	**Kàs naũjo?**
Gesund angekommen!	*Was neu (2.F.)?*
Herzlich willkommen!	Was gibt's Neues?

Beim Abschied sagt man kurz:

Sudiẽ!	Leb wohl! Leben Sie wohl! (von: **sudievù** „mit Gott")
Ikì!	Bis bald!
Adé!	Tschüss! Machs gut! (vergl.: Adieu! Adé!, sprich: *„Adää"*)

Alle drei Abschiedsformeln sind neutral und sowohl gegenüber einer als auch mehreren Personen anwendbar. Ebenso neutral sind die folgenden Wendungen:

Ikì pasimãtymo!	Auf Wiedersehen!
Ikì rytójaus!	Bis morgen!
Lìk sveĩkas!	Bleib gesund!
Lìkite sveikì!	Bleibt/Bleiben Sie gesund!
Viso gẽro!	Alles Gute!

Vor dem Schlafengehen:

Saldžių̃ sapnų̃!
Süße Träume!
Schlaf gut und träum was Schönes!

Beim Verabschieden sollte man nicht vergessen, auch ein paar Grüße an die Eltern, Freunde, Kinder usw. zu übermitteln. Wer gegrüßt wird, steht im 3. Fall.

Nuoširdžiáusi linkė́jimai tėváms/vaikáms/ žmõnai/výrui!
Herzlichste Wünsche Eltern/Kindern/ Frau/Mann!
Herzliche Grüße an die Eltern/Kinder/ die Frau/den Mann!

Die ersten Gespräche

Des Litauers Höflichkeit und Freundlichkeit spiegelt sich schon bei der Vorstellung wider.

Vorstellung

põnas	Herr
ponià	Frau (Dame)
panẽlė	Fräulein

Léiskite Jùms pristatýti põną/pònią/panẽlę ...!
Gestatten(-Sie) Ihnen vorstellen Herrn/Frau/Fräulein ...!
Gestatten Sie, dass ich Ihnen Herrn/Frau/Fräulein ... vorstelle!

Léiskite prisistatýti!
Gestatten(-Sie) vor-sich-stellen!
Gestatten Sie, dass ich mich vorstelle!

Malonù susipažìnti.
Angenehm mit-sich-kennen.
Angenehm.

Susipažìnkite!
Mit-sich-kennen(-Sie)!
Machen Sie sich bekannt!

Tai yrà ponià/põnas ...
Das ist Frau/Herr ...

Kaĩp Jū́sų pavardė̃/vardas?
Wie Ihr Zuname/Vorname
Wie ist Ihr Name/Vorname?

Màno pavardė̃/vardas ...
Mein Zuname/Name ...
Mein Name/Vorname ist ...

Kokià Jū́sų profèsija?
Was-für-ein Ihr Beruf?
Was sind Sie von Beruf?

Àš (esù) ...
Ich bin ...

darbiniñkas (-ė)	Arbeiter (in)
valstiẽtis (-ė)	Bauer (Bäuerin)
tarnáutojas	Angestellter, Beamter
tarnáutoja	Angestellte, Beamte
šeimininkė	Hausfrau
mókslininkas (-ė)	Wissenschaftler(in)
mènedžeris	Manager
žurnalìstas (-ė)	Journalist(in)
studeñtas (-ė)	Student(in)
mokinỹs (-ė̃)	Schüler(in)
gýdytojas	Arzt
gýdytoja	Ärztin
inžiniẽrius	Ingenieur

Bitten, Danken, Wünschen

Drei Wörter helfen immer weiter, wenn man etwas auf dem Herzen hat:

Bitten

prãšom	**gãlima**	**noréčiau**
bitte	*möglich*	*(ich-)wollte*
	man kann (darf)	ich würde gern

Man setzt einfach das betreffende Verb in der Grundform dahinter und wird sofort eine Reaktion spüren.

Prãšom pakartóti!	**Prãšom sėśtis!**
Bitte VS-wiederholen!	*Bitte setzen-sich!*
Bitte wiederholen Sie!	Bitte setzen Sie sich/ setz dich!

Ar̃ gãlima įeĩti?	**Ar̃ gãlima rūkýti?**
FW möglich ein-gehen?	*FW möglich rauchen?*
Darf man eintreten?	Darf ich rauchen?

Noréčiau pakalbė́ti su Jumìs.
(Ich-)wollte VS-sprechen mit Ihnen.
Ich würde gern kurz mit Ihnen sprechen.

Danken

Beide Formen für „danke" sind gleichermaßen im Gebrauch.

ãčiū, dė́kui	danke
dėkóti (-ja, -jo)	danken

Ãčiū už svetingùmą!
Danke für Gastfreundschaft!
Danke für die Gastfreundschaft!

Dė́kui Jùms už kvietìmą!
Danke Ihnen für Einladung!
Danke für Ihre Einladung!

Àš dėkóju táu ùž pagálbą!
Ich danke Dir für Hilfe!
Ich danke Dir für deine Hilfe!

*Egal, ob man einfach „danke" sagt oder das Verb „danken" benutzt, immer muss beachtet werden, wem (3. Fall) und wofür (*ùž *= für, plus 4. Fall) man dankt.*

Entschuldigen

Leitet man seine Fragen mit den folgenden Wendungen ein, wird man Ihnen augenblicklich Gehör schenken.

Atsiprašaũ	Entschuldigung!
Atléisk!	Verzeih!
Atléiskite!	Verzeihen Sie!

Folgende Wendungen helfen aus der Patsche, wenn man sich für Unannehmlichkeiten entschuldigen muss:

Atsiprašaũ ùž pavėlãvimą!
VS-sich-bitte für Verspätung!
Entschuldigen Sie meine Verspätung!

Atléiskite mùms ùž trùkdymą!
Verzeihen(-Sie) uns für Störung!
Verzeihen Sie die Störung!

Wünschen

Keiner ist wunschlos glücklich! Nicht nur zu besonderen Anlässen, auch im ganz normalen Alltag können ein paar nette Wünsche kleine Wunder bewirken. Dazu benutzt man das Verb linkė́ti (liñki, -ė́jo) „wünschen". Was man wünscht, steht im Unterschied zum Deutschen im 2. Fall.

Àš linkiù táu (Jùms) vìsa gẽriaũsio!
Ich wünsche dir (Ihnen) das Allerbeste!

sėkmė̃s (2. F.)	Erfolg
sveikãtos (2. F.)	Gesundheit
gerõs núotaikos (2. F.)	gute Laune
džiaũgsmo (2. F.)	Freude
láimės (2. F.)	Glück
laimìngos keliõnės (2. F.)	glückliche Reise

Und zu welchen Anlässen? Hier braucht man das Verhältniswort sù (mit, zu), das den 5. Fall verlangt.

sù gimtãdieniu	zum Geburtstag
sù Kalė́domis	zu Weihnachten
sù Naujaĩsiais mẽtais	zum Neuen Jahr
sù vestùvėmis	zur Hochzeit
sù vardãdieniu	zum Namenstag
sù mótinos dienà	zum Muttertag

Unterwegs

Abgesehen von den immer wiederkehrenden Höflichkeitsfloskeln sind es die Fragewörter, die ständig abrufbereit sein müssen, wenn man unterwegs ist. Egal ob in der Stadt, auf dem Land oder an der See: mit den Fragewörtern kommt man schon recht weit.

Fragen unterwegs

Atsiprašaũ, prãšom pasakýti ...
VS-sich-bitte(-ich), bitte VS-sagen ...
Entschuldigen Sie, können Sie mir bitte sagen ...

Kur̃ yrà stotìs?
Wo ist Bahnhof?
Wo ist der Bahnhof?

Kaĩp nueĩti į viẽšbutį?
Wie VS-gehen in Hotel?
Wie kommt man zum Hotel?

Kaĩp tolì ikì teñ?
Wie weit bis dort?
Wie weit ist es bis dorthin?

senãmiestis	Altstadt
pilìs	Burg
pamiñklas	Denkmal
kāpinės	Friedhof

pãstatas	Gebäude
nãmas	Haus
kãtedra	Kathedrale
bažnýčia	Kirche
muziẽjus	Museum
naujãmiestis	Neustadt (Satellitenstadt)
rõtušė	Rathaus
miẽstas	Stadt
bókštas	Turm
apýlinkės	Umgebung

dešinė̃n	nach rechts	**dešinėjè**	rechts
kairė̃n	nach links	**kairėjè**	links
teñ	dort	**čià**	hier
artì	nah	**tolì**	weit
tiẽsiai	geradeaus		

... mit dem Bus

In den Städten verkehren autobùsas *(Omnibus) und* troleibùsas *(O-Bus). Fahrkarten für den Bus werden an Kiosken verkauft, im Bus selbst wird die Karte nur entwertet.*

Prãšom dúoti dẽšimt autobùso bìlietų!
Bitte geben zehn Bus Karten!
Bitte geben Sie mir zehn Busfahrscheine!

Kur̃ yrà autobùsų stotẽlė?
Wo ist Busse Haltestelle?
Wo ist die Bushaltestelle?

Kuriuõ autobusù gãlima nuvažiúoti ikì ceñtro?
Welcher Bus (5.F.) möglich VS-fahren bis Zentrum?
Mit welchem Bus kommt man ins Zentrum?

Ar̃ šìtas troleibùsas važiúoja per senãmiestį?
FW dieser O-Bus fährt durch Altstadt?
Fährt dieser O-Bus durch die Altstadt?

Oft herrscht im Bus großes Gedränge, und man muss sich rechtzeitig auf das Aussteigen vorbereiten. Man wird dann häufig über die Schulter gefragt:

Ar̃ Jū̃s išlìpate?
FW Sie aus-steigen?
Steigen Sie aus?

Prãšom pasakýti, kadà mán išlìpti!
Bitte VS-sagen, wann mir aus-steigen!
Bitte sagen Sie mir, wann ich aussteigen muss!

... mit dem Taxi

Neben den normalen taksì gibt es auch die maršrùtinis taksì (Linientaxi), Kleinbusse, die bestimmte Routen fahren, auf denen man überall zu- und aussteigen kann.

Kur̃?	**Ikì teãtro.**	**Ikì stotiẽs.**
Wohin?	*Bis Theater.*	*Bis Bahnhof.*
	Zum Theater.	Zum Bahnhof.

Ar̃ Jū̃s laĩsvas?	**Sustókite!**
FW Sie frei?	*Anhalten(-Sie)!*
Sind Sie frei?	Halten Sie an!

Paláukite čià!	**Kíek mán reĩkia mokė́ti?**
VS-warten(-Sie) hier!	*Wieviel mir muss zahlen?*
Warten Sie hier!	Wie viel muss ich zahlen?

... per Anhalter

In Litauen kann man auch trampen. Aber Vorsicht ist geboten, besonders wenn man allein ist! Übrigens ist es auch beim Trampen üblich, die Fahrt zu bezahlen.

Kur̃ važiúojate?	**Ar̃ galiù įlìpti?**
Wohin fahren(-Sie)?	*FW darf(-ich) ein-steigen?*
Wohin fahren Sie?	Darf ich einsteigen?

Àš nóriu išlìpti.
Ich will aussteigen.

... mit Fernbus & Zug

Das Streckennetz der litauischen Eisenbahn ist noch nicht so gut ausgebaut wie es die Litauer gern hätten. Züge verkehren nur zwischen größeren Städten. Kleinstädte und Dörfer sind nur mit Bussen erreichbar. Es ist durchaus üblich, dass Busse auch Strecken von 300 km fahren. In manche Orte fahren sowohl Busse als auch Züge. Die Fahrtzeit unterscheidet sich nicht wesentlich.

Für den Bus werden die Fahrkarten entweder auf dem Busbahnhof verkauft (wenn der Bus in dem Ort eingesetzt wird) oder im Bus selbst (wenn man unterwegs zusteigt). Will man erfahren, ob man im Bus bezahlen muss, erkundigt man sich am besten, ob es sich um einen so genannten „durchfahrenden“ Bus handelt (der z. B. in Vilnius eingesetzt wird und in Palanga endet).

Ar̃ taĩ pravažiúojantis autobùsas?
FW das durch-fahrender Bus?
Ist das ein Direktbus?

tvarkãraštis	Fahrplan
geležìnkelio stotìs	Bahnhof
autobùsų stotìs	Busbahnhof
platfòrma	Gleis
perònas	Bahnsteig
bìlietų kasà	Fahrkartenschalter
išankstìnė bìlietų pardavìmo kasà	Vorverkaufskasse
traukinỹs	Zug
vagònas	Wagen
vietà	Platz
vietãženklis	Platzkarte
klãsė	Klasse
bagãžo sáugojimo kãmera	Gepäckaufbewahrung

Trìs antrõs klãsės bìlietus į Kaũną!
Drei zweiter Klasse Fahrkarten nach Kaunas!
Drei Fahrkarten 2. Klasse nach Kaunas!

Kadà autobùsas/traukinỹs bùs Palangojè?
Wann Bus/Zug wird Palanga(6.F.)?
Wann kommt der Bus/Zug in Palanga an?

Kadà važiũos kitas/paskutìnis autobùsas/traukinỹs?
Wann fährt nächster/letzter Bus/Zug?
Wann fährt der nächste/letzte Bus/Zug?

Aȓ mán reĩkia persė́sti?
FW mir muss um-setzen?
Muss ich umsteigen?

Kadà atvksta autobùsas/traukinỹs?
Wann VS-fährt unser Bus/Zug?
Wann kommt der Bus/Zug?

Ìš kuriõs platfòrmos išvksta traukinỹs?
Von welchem Gleis aus-fährt Zug?
Von welchem Gleis fährt der Zug ab?

... mit dem Schiff

laĩvas	**kèltas**	**úostas**
Schiff	Fähre	Hafen

Iš kuȓ mẽs išplaũksime?
Von wo wir aus-schwimmen-werden?
Von wo fahren wir ab?

Kíek laĩko truñka keliõnė?
Wieviel Zeit dauert Reise?
Wie lange dauert die Fahrt?

... mit dem Auto

Die internationalen Verkehrsregeln haben auch in Litauen ihre Gültigkeit. Auf Alkohol am Steuer sollte man gänzlich verzichten, wenn man keine Bekanntschaft mit der litauischen Polizei machen will.

Es gilt die Null-Promille-Grenze, und für jeden Verstoß dagegen muss man tief in die Tasche greifen.

gãtvė	Straße
kẽlias	Fahrbahn, Weg
autostradà	Autobahn
apvažiãvimas	Umleitung
sustojìmo aikštẽlė	Parkplatz
polìcija	Polizei

Tanken

An vielen Tankstellen gilt: Selbst ist der Mann! Man tankt an der Tanksäule und bezahlt den angezeigten Betrag an der Kasse.

degalìnė	Tankstelle
benzìnas	Benzin
kanìstras	Kanister
bãkas	Tank
destiliùotas vanduõ	destilliertes Wasser
dyzelìniai degalaĩ	Diesel
be švìno	bleifrei (gibt es bisher nicht)
tẽpalas	Motoröl
stabdžio skystis	Bremsflüssigkeit
vanduõ	Wasser

Kur̃ artimiáusia degalìnė?
Wo nächste Tankstelle?
Wo ist die nächste Tankstelle?

Prãšom pìlną pripìlti!
Bitte voll VS-füllen!
Bitte volltanken!

Dvìdešimt lìtrų į bãką ir̃ dẽšimt į kanìstrą!
Zwanzig Liter in Tank und zehn in Kanister!
20 l in den Tank und 10 l in den Kanister!

Panne

Pannen sind leider nie voraussehbar, auch für den, der meint, das Steuer perfekt zu beherrschen.

Màno automobìlis sugẽdo.
Mein Auto kaputt-gegangen.
Mein Auto ist kaputt.

Prãšom patem̃pti automobìlį
Bitte VS-ziehen Auto!
Bitte schleppen Sie mich ab.

Kur̃ artimiáusias autoservìsas?
Wo nächste Autowerkstatt?
Wo ist die nächste Autowerkstatt?

Àš turiù pàts kẽletą atsargìnių dalių̃.
Ich habe selbst einige ersetzende Teile.
Ich habe selbst einige Ersatzteile.

... sugẽdo.
... kaputtgegangen
... ist defekt.

stárteris	Anlasser
akumuliãtorius	Batterie
stabdỹs	Bremse
elektrìnė ranga	Elektro-Anlage
sánkaba	Kupplung
generãtorius	Lichtmaschine
varìklis	Motor
žibiñtas	Scheinwerfer
padangà	Reifen
kãmera	Schlauch

Pakeĩskite žvãkes/tẽpalą!
VS-wechseln(-Sie) Kerzen/Öl!
Wechseln Sie bitte die Zündkerzen/das Öl!

Kadà dárbas bùs atlìktas?
Wann Arbeit wird fertig?
Wann wird die Reparatur fertig sein?

Unfall

Àš pakliuvau į avãriją.
Ich geriet in Unfall.
Ich hatte einen Unfall.

Ar̃ Jū̃s sužeistì?
FW Sie verletzt?
Sind Sie verletzt?

Pakviẽskite polìciją/gýdytoją!
VS-rufen(-Sie) Polizei/Arzt!
Rufen Sie die Polizei/Arzt!

Prãšom Jū́sų dokumentùs!
Bitte Ihre Dokumente!
Ihre Personalien, bitte!

Unterkunft

Ausländische Gäste übernachten meist im Hotel oder bei ihren litauischen Bekannten. Privatunterkünfte an Touristen zu vermieten ist bisher nur in größeren Städten und Touristenzentren, wie zum Beispiel an der Ostsee, üblich.

Achtung: In Litauen zählt das Erdgeschoss bereits als erste Etage!

viẽšbutis	Hotel
kambarỹs	Zimmer
rãdijas	Radio
lìftas	Lift
televìzorius	Fernsehapparat
dùšas	Dusche
vonià	Bad
kabario rãktas	Zimmerschlüssel
pìrmas aũkštas	Erdgeschoss
aũkštas	Etage

Ar̃ žìnote, kàs privačiaĩ išnúomoja kabarius?
FW wissen(-Sie), wer privat vermietet Zimmer?
Wissen Sie, wer Zimmer privat vermietet?

Ar̃ čià yrà viẽšbutis?
FW hier ist Hotel?
Gibt es hier ein Hotel?

Ar̃ tùrite laisvų̃ kambarių̃?
FW haben(-Sie) freie Zimmer?
Haben Sie Zimmer frei?

Mẽs ẽsame dù ãsmenys, nórime víeno kabario.
Wir sind zwei Personen, wollen ein Zimmer.
Wir sind zwei Personen und möchten ein Zimmer.

Kíek tai kainúoja už diẽną?
Wieviel das kostet für Tag?
Wie viel kostet das pro Tag?

Ar̃ tùrite pigèsnį kam̃barį?
FW haben(-Sie) billigeres Zimmer?
Haben Sie ein billigeres Zimmer?

Mán reikia dár ...
Ich brauche noch ...

príegalvio (2. F.)	Kissen
añtklodės (2. F.)	Decke
rañkšluosčių (2. F.)	Handtücher
tualètinio põpieriaus (2. F.)	Toilettenpapier

Essen & Trinken

Wie macht man auf seinen knurrenden Magen am besten aufmerksam? Ganz neutral ist:

Àš nóriu válgyti/gérti.
Ich will essen/trinken.
Ich habe Hunger/Durst.

Kuȓ gãlima pusryčiáuti/pietáuti/vakarieniáuti?
Wo möglich frühstücken/Mittagessen/ Abendbrot-essen?
Wo kann man Frühstück/Mittagessen/ Abendbrot essen?

Für den schnellen Imbiss unterwegs existieren in Litauen:

bufètas, užkandìnė	Imbiss
valgyklà	Gaststätte (meist Selbstbedienung)

Nicht zu empfehlen für Kalorienbewusste (davon gibt es in Litauen weniger als in Westeuropa) ist ein Café (**kavìnė**) oder eine Konditorei (**cukraĩnė**). Eltern und Großeltern führen ihre Kinder oder Enkel auch gern in Milchbars (**pieno bãras**) aus, wo es erfrischende Milchmixgetränke und Sahneeis mit Konfitüre (**ledaĩ sù uogiẽne**) gibt.

Der Besuch eines Weinkellers (**vỹninė**) oder einer Bierstube (**alùdė**) bzw. Bierbar (**alaũs bãras**) gehört wegen der dortigen intimen Atmosphäre unbedingt zu einem Litauenaufenthalt dazu. Frauen sollten allerdings immer einen „Beschützer“ bei sich haben.

Übrigens essen die Litauer zum Bier gern Brot mit Knoblauch, geräucherten Fisch oder Schweinefleisch mit Erbsen.

dúona sù česnakù	Brot mit Knoblauch
rūkýta žuvìs	geräucherter Fisch
kiaũlių kójos	Schweinefleisch (vom Bein)
sù žir̃niais	mit Erbsen

Was eine Kneipe (**kneĩpė**) und Schnaps (**šnàpsas**) ist, versteht im Übrigen jeder Litauer, auch wenn die Wörter in keinem Wörterbuch zu finden sind.

Bringt man etwas mehr Zeit und Hunger mit, sollte man ein „echtes“ Restaurant (**restorãnas**) besuchen. Dort stehen litauische Nationalgerichte auf der Speisekarte, und es wird wie in einer Nachtbar (**naktìnis bãras**) auch getanzt. Ansonsten unterscheiden sich die Restaurants nicht wesentlich von westeuropäischen Restaurants. Will man auf Nummer Sicher gehen, bestellt man vorher die gewünschten Plätze.

Prãšom rezervúoti dvì vietàs sekmãdieniui pìrmą vãlandą!
Bitte reservieren zwei Plätze Sonntag (3.F.) erste Stunde!
Bitte reservieren Sie mir zwei Plätze für Sonntag 13 Uhr!

Ar̃ čià laĩsva?
FW hier frei?
Ist hier frei?

Atsiprašaũ, gãlima meniù?
VS-sich-bitte, möglich Speisekarte?
Verzeihung, die Speisekarte bitte?

Ką̃ paisime?
Was VS-nehmen(-werden-wir)?
Was nehmen wir?

Àš imù ...
Ich nehme ...

Prãšom sąskaitą!
Bitte Rechnung!
Bitte zahlen!

Àš šiañdien móku.
Ich heute zahle.
Heute zahle ich.

Ein Trinkgeld, eigentlich Teegeld (**arbãtpinigai**), zu geben, ist nicht sehr verbreitet. Im Restaurant kann man die Stellen nach dem Komma aufrunden.

Bè grąžõs!
Ohne Rest!
Stimmt so!

Speisen

pùsryčiai – Frühstück

marmelãdas	Marmelade
svíestas	Butter
vìrtas kiaušìnis	gekochtes Ei
kiaušiniẽnė	Rührei
varškė̃ sù grietìne	Quark mit saurer Sahne

blynẽliai sù marmeladù	Eierkuchen mit Marmelade
sumuštìnis	belegtes Brötchen
... sù sū́riu	mit Käse
... sù dešrà	mit Wurst

Was den litauischen Speiseplan angeht, so verlangt er von manchen eine gewisse Umstellung. Meist stehen schon morgens warme Speisen auf dem Plan.

piẽtūs – Mittagessen

Zum Mittagessen ist es natürlich jedem selbst überlassen, wie viel er zu sich nimmt. Auf jeden Fall werden – wie überall – verschiedene Gänge angeboten, an die sich aber keiner halten muss. Brot gehört zum warmen Essen immer dazu. Schwarzbrot (**juodà dúona**) ist in Litauen genauso beliebt wie Weißbrot (**baltà dúona**).

Ùžkandis	Vorspeise
žuvìs drebùčiuose	Fischsülze
liežùvis su majonezú	Zunge mit Mayonnaise

Sriubà – Suppe

mėsõs buljònas	Fleischbrühe
vištíenos buljònas	Hühnerbrühe
píeniška sriubà	Milchsuppe
šaltìbarščiai	Kalte Suppe aus roten Rüben

Karštì pãtiekalai – Warme Speisen

cepelìnai	Klöße in Zeppelinform, aus rohen und gekochten Kartoffeln, meist mit Speckfüllung
balandė̃liai	Krautrouladen, meist mit Reis und Gehacktem gefüllt
vė́darai	Wurst mit Kartoffel- oder Graupenfüllung
marinúota žuvìs	Marinierter Fisch

Desèrtas – Dessert

ledaĩ sù uogiẽne	Eis mit Konfitüre
tórtas	Torte
pyragáitis sù kremù	Kuchen mit Cremefüllung
kompòtas	eher Saft als Kompott
vaĩsiai	Obst
pùdingas	Pudding
drebùčiai	Gelee

vakariẽnė - Abendessen

Auch am Abend werden meist warme Speisen wie beim Mittagessen gegessen.

képtos bùlvės su grỹbais	Bratkartoffeln mit Pilzen
bifštèksas	Beefsteak
vištíena	Huhn

Und so schmeckt es:

saldùs	süß	**rūgštùs**	sauer
sūrùs	salzig	**beskõnis**	fade
aštrùs	scharf		

druskà	**pipìrai**	**garstỹčios**
Salz	Pfeffer	Senf

Was man sonst noch braucht:

bùtelis	Flasche
stìklinė	Glas
stiklẽlis	Gläschen
puodùkas	Tasse
servetẽlė	Serviette
lėkštė̃	Teller
peĩlis	Messer
šáukštas	Löffel
šakùtė	Gabel
taurẽlė	Schnaps-, Weinglas

Nun bleibt nur noch zu sagen:

Gẽro apetìto!
Guten Appetit!

Getränke

Ką gãlima atsigérti?
Was möglich VS-sich-trinken?
Was kann man zu trinken bekommen?

limonãdas	Limonade
arbatà	Tee
kavà	Kaffee
alkohòlis	Alkohol
alùs	Bier
vỹnas	Wein
minerãlinis vanduõ	Mineralwasser
lìkeris	Likör
konjãkas	Kognak
degtìnė	Schnaps
šampãnas	Sekt
vìskis	Whisky
kokteĩlis	Cocktail

Will man aus dieser Palette etwas auswählen, sagt man einfach Prãšom (bitte) und nennt das Getränk (wer es kann, im 2. Fall).

Prãšom šampãno, alaũs, vìskio, vỹno ...!
Bitte Sekt, Bier, Whisky, Wein ...!

Bei einer genaueren Mengenangabe gebraucht man, falls beherrscht, die Maßeinheit im 4. und das Getränk im 2. Fall.

Prãšom puodùką kavõs!
Bitte Tasse Kaffee!
Bitte eine Tasse Kaffee!

Prãšom dù bùtelius alaũs!
Bitte zwei Flaschen Bier!

Zu Gast sein

Wie in allen osteuropäischen Ländern wird auch in Litauen gern und ausgiebig gefeiert. Dabei ist es selbstverständlich, Gäste aus dem Ausland, auch wenn sie nur dienstlich dort weilen, auf ein Tässchen Tee oder sogar zu einer Familienfeier einzuladen.

Tólimas svẽčias visų̃ láukiamas.
Ferner Gast allen erwartet (Partizip).
Ein seltener Gast fällt nie zur Last.

Eines sollte man aber immer im Auge behalten: nie unter Zeitdruck zu einer Feier gehen! Es kann schon mal passieren, dass man in Erwartung eines Mittagessens pünktlich um 12 Uhr erscheint und erst 16 Uhr serviert wird, um 22 Uhr das Abendessen folgt und an die Nachtruhe gar nicht gedacht wird. Kondition ist also angesagt!

Prãšom mùs aplankýti!
Bitte uns VS-besuchen!
Bitte besuchen Sie uns!

Ãčiū ùž kvietìmą!
Danke für Einladung!
Danke für die Einladung!

Besucht man Freunde, Bekannte oder Verwandte, nimmt man meist etwas Süßes, eine

Die Litauer selbst überraschen ihre ausländischen Gäste gern mit landestypischen und wertvollen Dingen, wie Bernstein- und Metallschmuck, Korb- und Lederwaren oder Keramik, und man könnte eventuell in Verlegenheit geraten, wenn man nicht an Gastgeschenke gedacht hat.

Torte oder ein paar Pralinen, für die Kinder etwas Spielzeug oder Obst und für die Dame des Hauses einen Strauß Blumen mit. Aber all das ist keineswegs obligatorisch. Als Gast aus dem Ausland sollte man also vorsichtshalber ein paar Kleinigkeiten für diese Gelegenheiten im Gepäck haben. Der Phantasie sind dabei keine Grenzen gesetzt. Man freut sich über alles, besonders über Dinge, die „woanders" produziert wurden, angefangen von Kosmetik bis hin zu ...

Taĩ mažà dovanẽlė Jùms!
Das kleines Geschenkchen Ihnen!
Das ist ein kleines Geschenk für Sie!

Labaĩ ãčiū ùž grãžią dóvaną!
Sehr danke für schönes Geschenk!
Vielen Dank für das schöne Geschenk!

Noch kleiner als ein dovanẽlė (Geschenkchen) sind die lauktùvės (Mitbringsel).

Ãčiū ùž lauktùves!
Danke für Mitbringsel!
Danke für die Geschenke!

Nėrà ùž ką̃!
Nicht-ist für was!
Keine Ursache!

Zum Wohl!

Auch zu Zeiten schlimmster Versorgungsengpässe überraschen die Litauer ihre Gäste immer wieder mit leckeren Speisen und Getränken. Der Stolz jedes Hausherrn und jeder

Hausfrau sind ihre selbst gebrannten Liköre und Schnäpse, die man unbedingt probieren muss.

Prãšom paragáuti!
Bitte probieren!
Probieren Sie bitte!

Gérkite!
Trinken(-Sie)!
Trinken Sie!

Prãšom vaišìntis!
Bitte bedienen-sich!
Bitte bedienen Sie sich!

Es wird jedoch nie bei einer Sorte Schnaps bleiben. Speziell für den ausländischen Gast werden die Flaschen mit den unterschiedlichsten Etiketten geöffnet. Deshalb heißt es: Lieber nicht so schnell trinken, um noch einen klaren Kopf zu behalten.

Gál dár lìkerio, vỹno, arbãtos?
Vielleicht noch Likör, Wein, Tee?
Vielleicht noch etwas Likör, Wein oder Tee?

Àš nègeriu alkohòlinių gė́rimų.
Ich nicht-trinke alkoholische Getränke.
Ich trinke keinen Alkohol.

Nè, ãčiū.
Nein, danke.

In Litauen lässt sich jemand, der auf sich hält, auch ein Sprüchlein einfallen, bevor er sein Glas erhebt. Und das nicht nur einmal!

Į šeimininko sveikātą!
Auf Hausherrn Gesundheit!
Auf das Wohl des Hausherrn!

Į Jū́sų sveikātą!
Auf Ihre Gesundheit!

Bū́k sveĩkas!
Sei gesund!
Prost! (etwas salopper, unter guten Freunden)

Lässt die Kondition nun langsam nach und man will die Segel streichen, dann verblüfft man den Gastgeber am besten mit einem perfekten Litauisch, und man wird Sie schmunzelnd gehen lassen, auch wenn man gern noch länger geplaudert hätte.

Ãčiū. Bùvo labaĩ skanù.
Danke. War sehr schmackhaft.
Danke, es hat sehr gut geschmeckt.

Atsiprašaũ, àš labaĩ pavargaũ.
VS-sich-bitte, ich sehr ermüdete.
Entschuldigen Sie mich bitte, ich bin sehr müde.

Kennt man den Gastgeber schon etwas länger und fühlt sich bei ihm wie zu Hause (das geht sehr schnell), dann sagt man:

Ãčiū, àš sóčiai prisiválgiau.
Danke, ich satt VS-sich-aß.
Danke, ich bin satt.

Ãčiū, àš ìš tikrų̃jų sótus/ì.
Danke, ich aus wirklich satt (m/w).
Danke, ich bin wirklich satt.

Einkaufen

Ein Gang durch das eine oder andere Geschäft lohnt weniger wegen des Angebots, sondern mehr aus informatorischen Gründen. Spätestens nach einem solchen Informationsrundgang lernt der Tourist aus dem Westen das Leben der Litauer besser verstehen.

parduotùvė	Laden
kráutuvė	Laden (umgangssprachlich)
skỹrius	Abteilung
universãlinė parduotùvė	Kaufhalle, Kaufhaus
savìtarna	Selbstbedienung

Prãšom paródyti tą knỹgą!
Bitte VS-zeigen das Buch!
Bitte zeigen Sie mir das Buch!

Kiék kainúoja tà knygà?
Wie viel kostet das Buch?

In manchen Geschäften muss die Ware zuerst an der Kasse (kasà) bezahlt werden, ehe man sie in der entsprechenden Abteilung erhält. Man muss sich also sowohl die Nummer der Abteilung als auch den Preis der Ware merken und an der Kasse nennen. Mit dem Kassenbon (čèkis) holt man dann seine Ware in der betreffenden Abteilung ab.

Pìrmas skỹrius víenas litas.
Erste Abteilung ein Litas.

Was die einzelnen Geschäfte im Angebot haben (sollten), ist an der Bezeichnung des Ladens bzw. der Abteilung erkennbar.

knygýnas	Buchhandlung
žaislaĩ	Spielzeug
dailė̃	Kunstgewerbe
drabùžiai	Kleidung
baltiniaĩ	Wäsche
ãvalynė	Schuhe
galantèrija	Kurzwaren
parfumèrija	Kosmetik
ū́kinės prẽkės	Haushaltwaren

im Lebensmittelgeschäft

Lebensmittel (**maĩsto prodùktai**) bekommt man entweder in einer Kaufhalle (meist nur in Neubaugebieten) oder in kleineren Geschäften, die jeweils nur eine bestimmte Warenart wie Molkereiprodukte, Getränke oder Backwaren führen.

píeno prodùktai – Molkereiprodukte

svíestas	Butter
sū́ris	Käse
píenas	Milch
margarìnas	Margarine
grietinė̃lė	süße Sahne, Kaffeesahne
kefỹras	Kefir
varškė̃	Quark
kiaušìnis	Ei
grietìnė	saure Sahne

dúonos parduotùvė – Backwarenladen

dúona	Brot
pyrãgas	Kuchen
sausaĩniai	Gebäck, Kekse
vãfliai	Waffeln
saldaĩniai	Pralinen, Bonbons
tòrtas	Torte
bandẽlė	Brötchen
kèksas	Rührkuchen
šokolãdas	Schokolade

mėsõs parduotùvė – Fleisch- & Wurstladen

mėsà – dešrà	Fleisch – Wurst
taukaĩ	Speck
jáutiena	Rindfleisch
kiaulíena	Schweinefleisch

daržóvių parduotùvė – Gemüseladen

agur̃kai	Gurken	**vaĩsiai**	Obst
pomidòrai	Tomaten	**obuoliaĩ**	Äpfel
bùlvės	Kartoffeln	**kriáušės**	Birnen

Maße & Verpackungseinheiten

lìtras	Liter
kilogrãmas	Kilogramm
grãmas	Gramm
dežùtė	Schachtel, Büchse
bùtelis	Flasche
kẽpalas	Laib
gãbalas	Stück

Auf dem Markt

Im Gegensatz zu den Geschäften mit ihren Festpreisen wird auf dem Markt gehandelt.

Kur̃ yrà tur̃gus?
Wo ist Markt?
Wo ist der Markt?

Kiek nórite?
Wieviel wollen(-Sie)?
Wie viel wollen Sie dafür haben?

Taĩ mán per̃ brangù.
Das mir zu teuer.
Das ist mir zu teuer.

Atidúosite ùž ...?
VS-geben(-Sie) für ...?
Geben Sie es für ...?

Souvenirs

Nach einem Andenken aus dem Ostseeland kann man sich auf dem Markt oder vielleicht in einer Buchhandlung, einem Schallplattenladen oder in einem Kunstgewerbeladen umsehen.

plokštẽlė	Schallplatte
liáudies daĩnos	Volkslieder
lietùviškos daĩnos	litauische Lieder
karõliai	Halskette
pãpuošalas	Schmuck
giñtaras	Bernstein
fotoalbùmas	Bildband
lėlė̃	Puppe

Paródykite mán lietùviškų dainų̃ plokštẽlę!
VS-zeigen(-Sie) mir litauische Lieder Schallplatte!
Zeigen Sie mir die Schallplatte mit den litauischen Liedern!

Manè dõmina gintarìnis pãpuošalas.
Mich interessiert bernsteinerner Schmuck.
Mich interessiert Bernsteinschmuck.

Wohin am Abend?

Ist man nicht zufällig bei litauischen Freunden eingeladen, bieten Theater, Kino, Oper oder der Besuch eines Restaurants oder einer Diskothek ebenso genügend Abwechslung für jeden Geschmack.

kìno teãtras	Kino
òperos ir balèto teãtras	Opernhaus
koncèrtas	Konzert
balètas	Ballett
spektãklis	Theatervorstellung
kinoseánsas	Kinovorstellung
diskotèka	Diskothek

Kadà prasìdeda diskotèka?
Wann beginnt Diskothek?
Wann beginnt die Diskothek?

Kadà baĩgiasi kinoseánsas?
Wann endet-sich Kinovorstellung?
Wann ist das Kino zu Ende?

Eine telefonische Kartenvorbestellung ist nicht üblich. Man kann sich höchstens per Telefon erkundigen, ob noch Karten zu haben sind.

Die Theater in Vilnius und Kaunas sind sehr beliebt. Deshalb sind Karten, insbesondere für neue Theaterstücke, sehr gefragt, und es ist günstig, Karten vorzubestellen.

Ar̃ yrà laisvų̃ viẽtų?
FW ist freie Plätze?
Haben Sie noch freie Plätze?

Völlig normal ist es, unmittelbar vor der Vorstellung Personen anzusprechen, ob sie eventuell eine Karte loswerden wollen.

Ar̃ netùrite (atliẽkamo) bìlieto?
FW nicht-haben(-Sie) (übrige) Karte?
Haben Sie eine Karte (übrig)?

Karten für eine Disko bekommt man am Abend vor dem Einlass. Und wo, wenn nicht dort, schließt man die nettesten und interessantesten Bekanntschaften. Jugendliche sind gleich per du, ältere (Jugendliche!) ziehen das „Sie" vor, solange man sich noch nicht näher gekommen ist ...

Ar̃ šóki?
FW tanzt(-du)?
Tanzt du mit?

Oft reicht auch schon ein Kopfnicken und ...

Gãlima?
Möglich?
Wollen wir?

Die ältere Generation hält sich an den litauischen Knigge:

Gãlima Jùs pakviẽsti šókti?
Möglich Sie VS-einladen tanzen?
Darf ich bitten?

Wer nicht zum Tanzen aufgelegt ist, kann sich gut aus der Affäre ziehen:

Àš nenóriu su tavìm šókti.
Ich nicht-will mit dir tanzen.
Ich will nicht mit dir tanzen.

Tuõj màno výras ateĩs.
Gleich mein Mann VS-gehen-wieder.
Mein Mann kommt gleich.

Reicht dieser Wink immer noch nicht aus, muss man andere Töne anschlagen:

Palìk manè ramýbėje!
VS-lass mich Ruhe (6.F.)!
Lass mich in Ruhe!

Eĩk šaliñ!
Geh weg!
Scher dich fort!

Aber meist spielen sich freundlichere Szenen ab. Schließlich kommt es nicht alle Tage vor, Leute mit einem fremden Akzent zu treffen.

Ar̃ galiù tavė́ palydė́ti į namùs?
FW darf(-ich) dich begleiten in Häuser?
Darf ich dich nach Hause begleiten?

Ar̃ galė́sime rytój pasimatýti?
FW können-werden(-wir) morgen VS-sich-sehen?
Können wir uns morgen wiedersehen?

Tù mán labaĩ patinkì. Dúok mán sàvo ãdresą!
Du mir sehr gefällst. Gib mir deine Adresse!
Du gefällst mir sehr.

Àš norė́čiau su tavim̀ susirašinė́ti.
Ich wollte mit dir mit-sich-schreiben.
Ich möchte mich gern mit dir schreiben.

An der See

Es wird sicher nicht mehr lange dauern, bis die Schilder Móterų pliãžas (Frauenstrand) und Výrų pliãžas (Männerstrand) an der Ostsee verschwinden. Zur Zeit gestattet man den Frauen und Männern noch ihr separates Nacktbad. Allerdings sind die reinen Männerstrände schon länger im Schwinden begriffen. „Gemischte“ Freikörperkultur ist also nicht erlaubt. Den überwiegenden Teil der Strände bilden aber die Textilstrände (beñdras pliãžas) für Männer und Frauen.

Báltijos jū́ra	Ostsee
jū́ra	Meer
vanduõ	Wasser
maũdymosi kostiùmas	Badeanzug
glaũdės	Badehose
pliãžas	Strand
bangà	Welle
láipsnis	Grad
óras	Luft, Wetter

Kaĩp nueĩti į pliãžą?
Wie VS-gehen in Strand?
Wie kommt man zum Strand?

Kiek láipsnių šiañdien vanduõ?
Wieviel Grade heute Wasser?
Wie warm ist das Wasser heute?

Post & Telefonieren

Falls Sie auf der Post mehr als nur eine Ansichtskarte verschicken wollen, sollten Sie sich folgende Formulierungen einprägen.

Noréčiau išsiųsti siuntinį.
Wollte(-ich) aus-schicken Paket.
Ich möchte ein Paket abschicken.

pãštas	Postamt
telegramà	Telegramm
pãšto ženklas	Briefmarke
siuntinỹs	Paket
atvirùkas	Post-/Ansichtskarte
registrúotas láiškas	Einschreibebrief
pérlaida	Überweisung
láiškas	Brief
vókas	Briefumschlag
banderòlė	Päckchen

Prãšom pãšto ženklą láiškui į Vokietìją/ Áustriją/Šveicãriją!
Bitte Post Zeichen Brief (3.F.) in Deutschland/ Österreich/Schweiz!
Bitte eine Marke für einen Brief nach Deutschland/Österreich/in die Schweiz!

Paródykite Vìlniaus atvirùkų!
VS-zeigen(-Sie) Vilnius (2.F.) Karten.
Zeigen Sie bitte die Ansichtskarten von Vilnius!

telefònas-automãtas	Telefonzelle
pasikalbė́jimas	Gespräch
telefòno nùmeris	Telefonnummer
telefòno aboneñtų knygà	Fernsprechbuch
kòdas	Vorwahlnummer
komutãtorius	Vermittlung

Nur wenige Orte im Ausland sind bisher direkt erreichbar. Deshalb muss man Gespräche ins Ausland in der Regel vorher anmelden. Achtung: In Deutschland ist es eine Stunde früher als in Litauen.

Norė́čiau užsakýti pasikalbė́jimą į Berlýną.
Wollte(-ich) VS-sagen Gespräch in Berlin.
Ich möchte ein Gespräch nach Berlin bestellen.

Kìek kainúoja vienà minùtė į Kèlną?
Wieviel kostet eine Minute in Köln?
Wie viel kostet eine Minute nach Köln?

Gegen Ende des Gesprächs schaltet sich die Telefonistin ein:

Baĩkite pasikalbė́jimą!
Beenden(-Sie) Gespräch!
Beenden Sie das Gespräch!

Rund ums Geld

Ausländische Währungen können auf der Bank (**bánkas**) oder in einer der zahlreichen Wechselstuben (valiùtos keitìmo pùnktas), denen man auf Schritt und Tritt (vor allem in Geschäften, auf dem Flugplatz) begegnen kann, getauscht werden. Sich auf offener Straße zu einem Schwarztausch (**nelegalùs keitìmas**) verleiten zu lassen, ist nicht ratsam.

Àš norė́čiau pakeĩsti ... .
Ich wollte VS-tauschen ... .
Ich möchte ... tauschen.

lìtas	Lit
ceñtas	Cent
euro	Euro
Šveicãrijos fránkas	Schweizer Franken
dóleris	Dollar
keliõnės čèkiai	Reiseschecks
pinigaĩ	Geld

Kóks dabaĩ kùrsas?
Was-für-ein jetzt Kurs?
Wie steht der Kurs jetzt?

Krank sein

Lassen Sie sich im Krankheitsfall eine Quittung mit ausführlicher Diagnose für Ihre Krankenversicherung ausstellen.

Pakviẽskite greĩtai gýdytoją!
VS-rufen(-Sie) schnell Arzt!
Rufen Sie schnell einen Arzt!

In einer Poliklinik betreuen Ärzte verschiedenster Spezialisierung ihre Patienten ambulant.

Kur̃ yrà artimiáusia váistinė/ligoninė/poliklinika?
Wo ist nächste Apotheke/Krankenhaus/Poliklinik?
Wo ist die nächste Apotheke/Krankenhaus/Poliklinik?

Mán skaũda ...	*Mir schmerzt*	Mir tut ... weh.
galvà	**gálvą**	Kopf
gerklẽ	**gérklę**	Hals
pil̃vas	**pil̃vą**	Bauch
širdìs	**šir̃dį**	Herz
kója	**kóją**	Fuß, Bein
rankà	**rañką**	Hand, Arm
ausìs	**aũsį**	Ohr
dantìs	**dañtį**	Zahn
akìs	**akį̃**	Auge
plaũčiai	**plaučiùs**	Lunge
krūtìnė	**krūtìnę**	Brust
skrañdis	**skrañdį**	Magen
kẽpenys	**kẽpenis**	Leber
lytiẽs òrganus	**lytiẽs òrganus**	Genitalien

Das Körperteil oder Organ, das weh tut, steht im Gegensatz zum Deutschen im 4. Fall (jeweils in der 2. Spalte der nebenstehenden Liste).

Mán blõga.
Mir schlecht.
Mir ist übel.

Àš viduriúoju.
Ich habe-Durchfall.
Ich habe Durchfall.

Àš labaĩ pérsišaldžiau.
Ich sehr über-sich-kältete.
Ich habe mich sehr erkältet.

Àš turiù temperatū̃ros.
Ich habe Temperatur.

Eine kleine Reiseapotheke sollte jeder dabei haben, wenn er nach Litauen fährt. Sie beruhigt nicht nur, sondern kann eventuell sogar dem Arzt aus der Klemme helfen.

vatà	Watte
lašaĩ	Tropfen
tablètės	Tabletten
tẽpalas	Salbe
váistai	Arznei
pléistras	Heftpflaster
tvárstis	Verband, Binde

Prãšom dúoti mán váistų nuõ slogõs/kósulio!
Bitte geben mir Arznei von Schnupfen/Husten!
Bitte geben Sie mir etwas gegen Schnupfen/Husten!

Trìskart per diẽną po vieną tablètę.
Dreimal über Tag je eine Tablette.
Dreimal täglich eine Tablette.

Fotografieren

Litauer lassen sich genauso gern oder ungern fotografieren wie man selbst. Eine höfliche Frage ist deshalb immer angebracht:

Ar̃ gãlima Jùs nufotografúoti?
FW möglich Sie VS-fotografieren?
Darf ich (Sie) fotografieren?

Prãšom išryškinti filmą ir padaryti nuotraukas!
Bitte entwickeln Film und VS-machen Abzüge!
Bitte den Film entwickeln und Abzüge machen!

nespalvotas fìlmas	Schwarz-Weiß-Film
diafìlmas	Dia-Film
spalvótas fìlmas	Farbfilm

Manchmal ist man auch auf die Hilfe anderer angewiesen ...

Prãšom manè/mùs nufotografúoti!
Bitte mich/uns VS-fotografieren!
Fotografieren Sie mich/uns bitte!

Toilette

Hat man ein bestimmtes Bedürfnis, achte man vor allem auf zwei Buchstaben: **M** (**móterims** = für Frauen) und **V** (**výrams** = für Herren). Für Toilette gibt es zwei Bezeichnungen: **tualètas** und **ìšvietė**. Wenn man die Wahl hat, sollte man eine **mókamas tualètas** aufsuchen. Dort ist zu bezahlen, dafür sind sie relativ sauber.

Àš nóriu į tualètą.
Ich will in Toilette.
Ich muss mal auf Toilette.

tualètinis põpierius	Toilettenpapier

Atléiskite, kuř yrà artimiáusias tualètas?
Verzeihen(-Sie), wo ist nächste Toilette?
Verzeihen Sie, wo ist hier eine Toilette?

Redewendungen

In jeder Sprache gibt es Floskeln, die man nicht aus der eigenen Sprache übersetzen kann und einfach kennen muss.

Nẽ už ką̃!
Nichts für was!
Um keinen Preis!

Nėrà už ką̃!
Nicht-ist für was!
Keine Ursache!

Gẽro vė́jo!
Guten Wind!
Hals- und Beinbruch!

Be niẽkur niẽko!
Ohne nirgendwo nichts!
Von Nichts wird Nichts!

Ãčiū diẽvui!
Danke Gott!
Gott sei Dank!

Diẽve màno!
Gott mein!
Mein Gott!

Pùsė bėdõs!
Halb Kummer!
Halb so schlimm!

Bè juokų̃!
Ohne Scherz!
Im Ernst!

Juokaĩs!
Scherze (5.F.)!
Im Spaß!

Čià dabar̃!
Hier jetzt!
Da hast du es!

Nichts verstanden?

Es besteht kein Zweifel: am besten lernt man eine Sprache unterwegs, auf den Reisen durchs Land im alltäglichen Gebrauch.

Aȓ Jū̃s manè suprañtate?
FW Sie mich verstehen?
Verstehen Sie mich?

Àš nesuprataũ.
Ich nicht-verstand.
Ich habe nicht verstanden.

Àš suprataũ vìską.
Ich verstand alles.
Ich habe alles verstanden.

Leider tritt der Idealfall selten ein. Meist muss man nachhaken:

Prãšom pakartóti!
Bitte VS-wiederholen!
Wiederholen Sie bitte!

Prãšom kalbéti lėčiaũ!
Bitte sprechen langsamer!
Sprechen Sie bitte langsamer!

Prãšom taĩ užrašýti!
Bitte das VS-schreiben!
Schreiben Sie das bitte auf!

Ką réiškia šìtas žõdis?
Was bedeutet dieses Wort?

Kaĩp tãrti/rašýti žõdį?
Wie aussprechen/schreiben Wort?
Wie spricht/schreibt man das Wort?

Aȓ màno tarìmas taisyklìngas?
FW meine Aussprache richtig?
Ist meine Aussprache richtig?

Kaĩp lietùviškai/vókiškai ...!
Wie litauisch/deutsch ...?
Was heißt ... auf Litauisch/Deutsch?

Hinweisschilder

Dė̃mesio!	Achtung!
Pìktas šuõ!	Bissiger Hund!
Stók!	Halt!
Stùmti!	Drücken!
Įėjìmas	Eingang
Draũdžiama!	Verboten!
Atsargiaĩ!	Vorsicht!
Nuodaĩ!	Gift!
Neveĩkia!	Außer Betrieb!
Tráukti!	Ziehen!
Išėjìmas	Ausgang
Uždarýta!	Geschlossen!
Pietų̃ pértrauka	Mittagspause
Atsargìnis stabdỹs	Notbremse
Pavojìnga gyvýbei!	Lebensgefahr!
Nerū̃kyti!	Rauchen verboten!
Neliẽsti!	Nicht berühren!

Schimpfwörter

Es gibt zweifellos Völker, die häufiger Schimpfwörter gebrauchen als die Litauer. Aber wer interessiert sich nicht auch für diesen Teil des Wortschatzes, wenn er eine Sprache lernt?

Kein Schimpfwort, aber sehr verbreitet, wenn ein Litauer seine Empörung über etwas äußern will, ist:

Kokià nesmonė!
Was-für-ein Un-sinn!
Welch ein Unsinn!

Wenn er sich erbost an jemanden wendet, hört man:

Eĩk po velnių̃!
Geh zu Teufeln!
Scher dich zum Teufel!

Für die Männer: Für die Frauen:

mė́šlas	Arschloch	**rùpūžė**	Kröte
kvailỹs	Dummkopf	**mer̃gšė**	Flittchen
bukagal̃vis	Blödian		

Literaturhinweise

Lehr- und Wörterbücher zur litauischen Sprache sind immer noch rar und nur in manchen Bibliotheken erhältlich. Ein großer Nachteil vieler Bücher ist, dass sie in den meisten Fällen für Litauer geschrieben wurden und keine Angaben zur Betonung enthalten.

▶Ein **Lehrbuch der litauischen Sprache** von D. Augustaitis, 1978, das viel Grammatik enthält, sowie das **Litauisch-deutsche Wörterbuch** von K. Fulst, A. Scholz u.a. (basiert auf Wörterbüchern von 1943/47) in Taschenbuchformat ist über die Litauische Volksgemeinschaft in der BRD e.V., 68623 Lampertheim-Hüttenfeld beziehbar.

Die hier genannten Bücher/Schriften sind nicht über den Reise Know How Verlag erhältlich.

Folgende Bücher bekommt man mit etwas Glück direkt in Litauen:

▶**Lietùviški-vókiški pasikalbė́jimai** (Litauisch-deutsches Gesprächsbüchlein) von V. Mačkus, Vilnius 1980 (3. Aufl.). (Mit 42 Themen, zum Teil aber schon etwas veraltet.)

▶**Vókiečių-lietùvių kalbũ žodýnas** (Deutsch-litauisches Wörterbuch) von D. Šlapoberskis, Vilnius 1972 (2. Aufl.). (60.000 Stichwörter)

▶Das bisher beste Wörterbuch, das auch die Betonungszeichen enthält, ist das **Vókiečiu-lietùvių kalbũ žodýnas** (Deutsch-litauisches Wörterbuch), Band 1 (A-K) von J. Križinauskas, Vilnius 1989, Band 2 (L-Z) 1992.

▶**Modern Lithuanian** von A. Paulauskienė und L. Valeika, Vilnius 1994. (Ein Lehrbuch für ausländische Studenten mit 21 Lektionen – Phonetik, Grammatik, Lesetexte, Begleitkassette, Erläuterungen in englischer Sprache. Für Lernende geeignet, die schon über Grundkenntnisse der litauischen Sprache verfügen.)
▶**Trum̃pas vókiečių-lietùvių ir lietùvių-vókiečių kalbų̃ žodýnas** (Kurzes deutsch-litauisches und litauisch-deutsches Wörterbuch) von A. Kareckaitė, H. Kazlauskaitė und V. Kazlauskaitė, Kaunas 1991 (5. Aufl.). (Handliches Schulwörterbuch für litauische Schüler, deshalb ohne Betonungszeichen. Dafür in Litauen billig erhältlich.)

Wer tiefer in die litauische Grammatik eindringen möchte, dem ist das folgende Handbuch zu empfehlen, da es auch in deutscher Sprache verfasst wurde:
▶**Handbuch der litauischen Sprache** von A. Senn, Heidelberg 1966. (Band 1: Grammatik, Band 2: Lesebuch und Glossar)

Litauischlernende, die über Kenntnisse der russischen Sprache verfügen, können auch folgendes Lehrbuch nutzen:
▶**Litovskij jazyk** von J. Aleksandravičius, Vilnius 1984. (Lehrbuch, Grund- und Aufbaukurs.)

Darüber hinaus wartet der litauische Buchmarkt ständig mit Neuerscheinungen auf. Man halte also die Augen offen.

Und wer sich nicht allein durch den Bücherdschungel kämpfen will, dem rate ich, an einem Litauischkurs an der Vilniuser Universität teilzunehmen. Die Philologische Fakultät bietet jedes Jahr im Sommer und Winter Sprachkurse für Anfänger und Fortgeschrittene an. Wer Interesse hat, wende sich an folgende Adresse:

Vilniaus universitetas, Filologijos fakultetas
Vilnius, Universiteto gatvė 3.

Viel Spaß beim Lernen!

Kauderwelsch

Die Sprache des Alltags - ohne Wenn und Aber:

Elke Becker
Russisch
– Wort für Wort
ISBN 3-89416-293-7

Bernardo Christophe
Lettisch
- Wort für Wort
ISBN 3-89416-273-2

Irja Grönholm
Estnisch –
Wort für Wort
ISBN 3-89416-245-7

Bob Ordish
Polnisch
- Wort für Wort
ISBN 3-89416-527-8

Holger Knauf
Weißrussisch –
Wort für Wort
ISBN 3-89416-552-9

Hillevi Low
Finnisch
- Wort für Wort
ISBN 3-89416-014-4

REISE KNOW-HOW Verlag, Bielefeld

Wörterliste Deutsch – Litauisch

Die Wörterlisten enthalten einen Grundwortschatz von ca. 1000 Wörtern. Vokabular, das man in den einzelnen Kapiteln nachschlagen kann, ist hier nicht immer aufgeführt. Um die Zuordnung zu den Beugungsklassen zu erleichtern, habe ich hinter alle **Hauptwörter** *die Endung im 2. Fall Einzahl gesetzt. Hinter den* **Tätigkeitswörtern** *stehen – wie allgemein üblich – die Endungen der 3. Person in der Gegenwart und einmaligen Vergangenheit, bzw. bei unregelmäßigen Verben die volle gebeugte Form in diesen Zeiten. Erfordert ein Tätigkeitswort einen anderen Fall als im Deutschen, wurde dies mit Ziffern vermerkt. Letzteres gilt auch für* **Verhältniswörter**.

Bei der **alphabetischen Reihenfolge** *der Wörter im Litauischen ist zu beachten, dass alle Selbstlaute der gleichen Gruppe (z. B.* **i**, **į** *und* **y**) *wie die Grundform (hier:* **i**) *eingeordnet sind.*

A

Abend vãkaras (-o)
Abendbrot essen vakarieniáuti (-áuja, -ãvo)
abends vakaraĩs
aber õ, bèt
abschicken išsiũsti (išsiuñčia, ìšsiuntė)
abschleppen patem̃pti (-ia, -ė)
Abteilung skỹrius (-iaus)
acht aštuonì
achter aštuñtas
achtzig aštúoniasdešimt
Adresse ãdresas (-o)
Alkohol alkohòlis (-io)
als (Vgl.) negù
alt sẽnas
Altstadt senãmiestis (-čio)
an priẽ 2.
angeln meškerióti (-ja, -jo)
angenehm malonùs
Angestellter tarnáutojas (-o)
anhalten sustóti (-ja, -jo)
ankommen ateĩti (ateĩna, atė̃jo), atvažiúoti (-ja, -avo)
Anlage įranga (-os)
Anlasser stárteris (-io)
annehmen priiti (prìima, prìėmė)
anrufen skabinti (-a, -o) 3.
Ansicht vaĩzdas (-o)
anstatt užtàt
Apfel obuolỹs (-io)
Apotheke váistinė (-ės)
Appetit apetìtas (-o)

April balañdis (-džio)
Arbeit dar̃bas (-o)
arbeiten dìrbti (-a, -o)
Arbeiter darbiniñkas (-o)
Arm rankà (-os)
Arznei váistai (-ų)
Arzt gýdytojas (-jo)
auch ir̃gi
auf añt 2.
auffüllen pripìlti (-a, -ylė)
aufgeben padúoti (-da, pàdavė)
aufschreiben užrašýti (-o, -ė)
Aufschrift ùžrašas (-o)
Auge akìs (-ies, w.)
August rugpjū́tis (-čio)
aus ìš 2.
aus nuõ 2.
Ausgang išėjìmas (-o)
Ausland ùžsienis (-io)
ausländisch užsieniẽtiškas
aussehen atródyti (-o, -ė)
außerdem betõ
Aussprache tarìmas (-o)
aussteigen išlìpti (-a, -o)
Ausstellung parodà (-os)
Auto automobìlis (-io)
Autobahn autostradà (-os)
Autowerkstatt autoservìsas (-o)

B

Bad vonià (-ios)
Badeanzug maũdymosi kostiùmas (-o)
Badehose glaũdės (-džių)
baden máudytis (-osi, -ėsi)
Bahnhof stotìs (-ies, w.)
Bahnsteig perònas (-o)
bald netrùkus
Bank bánkas (-o)
Bar bãras (-o)
Batterie akumuliãtorius (-iaus)
Bauch pil̃vas
bauen statýti (-o, -ė)
Bauer valstiẽtis (-čio)
Beamter tarnáutojas (-o)
bedienen, sich vaišìntis (-asi, -osi)
beenden baĩgtis (-iasi, -ėsi)
beginnen prasidė́ti (-deda, -jo)
begleiten palydė́ti (-i, -ėjo)
Bein kojà (-os)
bekannt machen, sich susipažìnti (-žį́sta -žìno)
bekommen gáuti (gáuna, gãvo)
Benzin degalaĩ (-ų), benzìnas (-o)
Bernstein giñtaras (-o)
bernsteinern gintarìnis
Beruf profèsija (-os)
besichtigen apžiūrė́ti (-i, -ėjo)
besonders ýpač
bestellen užsakýti (-o, -ė)
besuchen aplankýti (-o, -ė)
Bett lóva (-os)
bezahlen mokė́ti (-a, -ėjo)
Bier alùs (-aus)
Bierstube alùdė (-ės)
Bildband fotoalbùmas (-o)
billig pigùs
Binde tvárstis (-čio)
Birne kriáušė (-ės)
bis ikì 2.
bisschen trùputį
bitte prãšom
bitten prašýti (-o, -ė) 2.
blau mė́lynas
Blei švìnas (-o)
Bonbons saldaĩniai (-ių)
böse pìktas
Botschaft ambasadà (-os)
braun rùdas
Bremse stabdỹs (-džio)

Brief láiškas (-o)
Brieftasche piniginė (ės)
Briefumschlag vókas (-o)
Brille akiniaĩ (-ių)
Brot dúona (-os)
Brötchen bandẽlė (-ės)
Bruder brólis (-io)
Brühe buljònas (-o)
Brust krūtinė (-ės)
Buch knygà (-os)
Buchhandlung knygýnas (-o)
bunt márgas
Burg pilìs (-ies) w.
Bus autobùsas (-o)
Butter svíestas (-o)

C

Café kavìnė (-ės)
Cocktail kokteĩlis (-io)
Cousin pùsbrolis (-io)
Cousine pùsseserė (-ės)

D

danke dė́kui, ãčiū
danken dėkóti (-ja, -jo)
dass kàd
dauern trùkti (truñka, trùko)
dein/e tàvo
denken galvóti (-ja, -jo)
Denkmal pamiñklas (-o)
dennoch tačiaũ
deshalb dėltõ
destilliert destilúotas
deutsch vókiškai
Deutscher vókietis (-čio)
Deutschland Vokietìja (-os)
Dezember grúodis (-džio)
Dienstag antrãdienis (-io)
dieser tàs, šìtas
Diskothek diskotèka (-os)
Dollar dóleris (-io)
Donnerstag ketvirtãdienis (-io)
Dorf káimas (-o)
dort teñ
dorthin teñ
drei trỹs
dreißig trìsdešimt
dreizehn trýlika
drittens trẽčia
dritter trẽčias
du tù
dunkel tamsùs
durch põ 2.,per̃ 4.
dürfen galė́ti (-i, -ėjo)
Dusche dùšas (-o)

E

Ehefrau žmonà (-os)
Ehemann výras (-o)
Ei kiaušìnis (-io)
Eingang įėjìmas (-o)
einladen kviẽsti (kviẽčia, kviẽtė)
Einladung kvietìmas (-o)
eins (m.) vienas
einsteigen įlìpti (-a, -o)
eintreten įeĩti (įeĩna, įė̃jo)
Eis ledaĩ (-ų)
Eisenbahn geležìnkelis (-io)
elektrisch elektrìnis
elf vienúolika
Eltern tėvaĩ (-ų)
empfehlen rekomendúoti (-úoja, -ãvo)
Ende gãlas (-o)
endgültig galutinaĩ
englisch ángliškai
Enkelsohn anū̃kas (-o)
Enkeltochter anū̃kė (-ės)
entschuldigen, sich atsiprašýti (-o, -ė)
er jìs
Erfolg sėkmė̃ (-ės)
erholen, sich atostogáuti (-auja,-avo)
ermüden pavar̃gti (-sta, -o)
erstens pìrma
erster pir̃mas
essen válgyti (-o, -ė)

Etage aũkštas
etwa apiẽ 4.
euer/e jū́sų

F

fade beskõnis
Fähre keltùvas (-o)
fahren važiuoti (-úoja, -ãvo)
Fahrplan tvarkãraštis (-čio)
fallen krìsti (kriñta, krìto)
Familie šeimà (-os)
fast bevéik
Februar vasãris (-io)
fehlen trū́kti (-sta, -o) 2.
Fenster lángas (-o)
fern tólimas
Fernsehapparat televìzorius (-iaus)
fertig atlìktas
Film fìlmas (-o)
Fisch žuvìs (-ies, w.)
Flasche bùtelis (-io)
Fleisch mėsà (-os)
fliegen skrìsti (skreñda, skrìdo)
Flughafen aeroúostas (-o)
Flugzeug lėktùvas (-o)
Fluss ùpė (-ės)
Flüssigkeit skỹstis (-čio)
Fotoapparat fotoaparãtas (-o)
Fotografie núotrauka (-os)
fotografieren fotografúoti (-úoja, -ãvo)
fragen kláusti (-ia, -ė) 2.
Franken fránkas (-o)
französisch prancū̃ziškai
Frau móteris (móters), ponià (-ios)
Fräulein panẽlė (-ės)
frei laĩsvas
Freitag penktãdienis (-io)
Freude džiaũgsmas (-o)
freuen, sich džiaũgtis (-iasi, -ėsi)
Freund draũgas (-o)
Freundin draũgė (-ės)
Friedhof kãpinės (ių)
Frühling pavãsaris (-io)
Frühstück pùsryčiai (ių)
frühstücken pusryčiáuti (-áuja, -ãvo)
fünf penkì
fünfzehn penkiólika
fünfzig peñkiasdešimt
für ùž 4.
fürchten, sich bijóti (-o,-ojo) 2.

G

Gabel šakùtė (-ės)
ganz visái
Gast svẽčias (-io)
Gastfreundschaft svetingùmas (-o)
Gastgeber šeiminiñkas (-o)
Gasthof ùžeiga (-os)
Gaststätte valgyklà (-os)
Gebäck sausaĩniai (-ių)
Gebäude pãstatas (-o)
geben dúoti (dúoda, dãvė)
Geburtstag gimtãdienis (-io)
gefallen patìkti (patiñka, patìko)
gegen priẽš 4.
gegenüber priẽš 4.
gehen eĩti (eĩna, ẽjo)
gekocht vìrtas
gelb geltónas
Geld pinigaĩ (-ų)
Gelee drebùčiai (-ių)
gelingen sèktis (-asi, -ėsi)
Gemälde pavéikslas (-o)
Gemüse daržóvės (-ių)
genug ganà
geradeaus tiẽsiai
geraten pakliū́ti (-iū́va, iū́vo)

gern mielaĩ
Geschäft parduotùvė (-ės)
Geschenk dovanà (-os)
Geschlecht lytìs (-ies) (w.)
Gesicht véidas (-o)
Gespräch pasikalbė́jimas (-o)
gestern vãkar
gesund sveĩkas
Gesundheit sveikatà (-os)
Getränk gė́rimas (-o)
Glas stìklas (-o)
gleich tuojaũ
Gleis platfòrma (-os)
Glück láimė (-ės)
golden auksìnis
Gott diẽvas (-o)
Grad (Stufe) láipsnis (-io)
Gramm grãmas (-o)
grau pìlkas
groß dìdelis
Großeltern senẽliai (-ių)
Großmutter senẽlė (-ės)
Großvater senẽlis (-io)
grün žãlias
grüßen, sich svéikintis (-asi, -osi)
Gulden gùldenas (-o)
Gurken agur̃kai (-ų)
gut gẽras, lãbas

H

haben turė́ti (-i, -ėjo)
Hafen úostas (-o)
halb pùsė
Hälfte pùsė (-ės)
Hals gerklẽ (-ės)
Halskette karõliai (ių)
Haltestelle stotẽlė (-ės)
Hand rankà (-os)
Haus nãmas (-o)
Hausfrau šeimininkė (-ės)
Heftpflaster pléistras (-o)
heiß kárštas
helfen padė́ti (pàdeda, -jo)
hell šviesùs
hellblau žýdras
Herbst ruduõ (-ens)
Herr põnas (-o)
Herz širdìs (-ies, w.)
heute šiañdien
hier čià
Hilfe pagálba (-os)
Himmel dangùs (-aus)
hinter ùž 2.
hinterlassen palìkti (paliẽka, palìko)
hoch áukštas
Hochzeit vestùvės (-ių)
hoffen tikė́tis (-isi, -ėjosi)
hören klausýtis (-osi, -ėsi) 2.
Hotel viẽšbutis (-čio)
Hund šuo (šuñs)
hundert šitas
Husten kosulỹs (-io)

I

ich àš
ihr/e (Mz.) jų̃
ihr/e (Ez.) jõs
ihr (2.P.) jū̃s
Ihr/e Jū́sų
illegal nelegalùs
immer visadà
in į 4.
interessant įdomùs
interessieren, sich domė́tis (-isi, -ėjosi) 5.
interessieren dõminti (-a, -o)

J

ja taĩp
Jahr mẽtai (-ų)
jährlich kasmẽt
Januar saũsis (-io)
jener anàs
jetzt dabar̃
Jod jòdas (-o)
Journalist žurnalìstas (-o)
Juli líepa (-os)
jung jáunas
Juni biržẽlis (-io)

K

Kaffee kavà (-os)
Kakao kakavà (-os)
kalt šáltas
Kanister kanìstras (-o)
kaputtgehen sugèsti (-eñda, -ẽdo)
Karte bìlietas (-o)
Kartoffeln bùlvės (-ių)
Käse sū̃ris (-io)
Kasse kasà (-os)
kaufen piřkti (peřka, piřko)
Kefir kefỹras (-o)
kennen pažìnti (pažįsta, pažìno)
Kilogramm kilogrãmas (-o)
Kind vaĩkas (-o)
Kino kìnas (-o)
Kinovorstellung seánsas (-o)
Kirche bažnýčia (-ios)
klar áiškus
Klasse klãsė (-ės)
Kleidung drabùžiai (-ių)
klein mãžas
Knoblauch česnãkas (-o)
Kognak konjãkas (-o)
Kohl kopū̃stas (-o)
Konditorei cukraĩnė (-ės)
Konfitüre uogiẽnė (-ės)
können galė́ti (-i, -ėjo), mokė́ti (-a, -ėjo)
kontrollieren kontroliúoti (-iuoja, -iavo)
Konzert koncèrtas (-o)
Kopf galvà (-os)
kosten (probieren) paragáuti (-auja, -avo)
kosten kainúoti (-uoja,-avo)
Krankenhaus ligóninė (-ės)
Kuchen pyragáitis (-čio)
Kunst dailė̃ (-ės)
Kupplung sánkaba (-os)
Kurs kùrsas (-o)
kurz trupas
kürzlich neseniaĩ
Kurzwaren galantèrija (-os)

L

lachen über etw. juõktis (-iasi,-ėsi) iš
Laden (umg.) kráutuvė (-ės)
Lady lèdi
Laib kẽpalas (-o)
Land šalìs (-ies, w.)
langsam lė̃tas
langweilig nuobodùs
lassen léisti (léidžia, léido)
lassen (hinter-) palìkti (paliẽka, palìko)
Laune núotaika (-os)
leben gyvénti (-a, -o)
Lebensmittel maĩstas (-o)
Leber kẽpenys (-ų)
leer tùščias
leicht leñgvas
lernen mókytis (-osi, -ėsi) 2.
lesen skaitýti (-o, -ė)
letzter paskutìnis
Lichtmaschine generãtorius (-iaus)
lieb miẽlas
lieben mylė́ti (-i, -ėjo)
Lied dainà (-os)
Lift lìftas (-o)
Likör lìkeris (-io)
Limonade limonãdas (-o)
links kairejè
Litauen Lietuvà (-os)
Litauer lietùvis (-io)
litauisch lietùviškai
Liter lìtras (-o)
Imbissstube bufètas (-o), užkandìnė (-ės)
Ingenieur inžiniẽrius (-iaus)
Löffel šáukštas (-o)
Luft óras (-o)
Lunge plaũčiai (-ių)

M

machen veĩkti (-ia, -ė)
Mädchen mergáitė (-ės)
Magen skrañdis (-džio)
Mai gegužė̃ (-ės)
malen nutapýti (-o, -ė)
Manager mènedžeris (-io)
manchmal kar̃tais
Mann výras (-o)
Margarine margarìnas (-o)
Mark márkė (-ės)
Markt tur̃gus (-aus)
Marmelade marmelãdas (-o)
März kóvas (-o)
Meer jū́ra (-os)
mein/e màno
Mensch žmogùs (-aus)
Messer peĩlis (-io)
Milch píenas (-o)
Minute minùtė (-ės)
mit sù 5.
Mitbringsel lauktùvės (-ių)
Mittag essen pietáuti (-áuja, -ãvo)
Mittag pietū̃s (-ų)
Mittwoch trečiãdienis (-io)
möglich gãlima
Monat mė́nuo (-esio)
Montag pirmãdienis (-io)
morgen rytój
Morgen rýtas (-o)
morgens rytaĩs
Motor variklis (-io)
Motoröl tẽpalas (-o)
Mücke úodas (-o)
Museum muziẽjus (-aus)
müssen turė́ti (-i, -ėjo)
Mutter mótina (-os)

N

nach põ 2. (zeitl.), į̃ 4. (örtl.)
nachher paskuĩ
nachmittags popiẽt
nächster sẽkantis
Nacht naktìs (-ies,w.)
nah artì
nahgelegen ar̃timas
Namenstag vardãdienis (-io)
nämlich bū́tent
natürlich žìnoma
neben šalià 2.
nehmen iti (ìma, ẽmė)
nein nè
neu naũjas
Neubaugebiet naujãmiestis (-čio)
neun devynì
neunzehn devyniólika
neunzig devýniasdešimt
nicht nè
nichts niẽko
Niederlande Niderlándai (-ų), Olándija (-os)
niedrig žẽmas
niemals niẽkada
niemand niẽkas
nirgendwo/-hin niẽkur
noch dár
nötig reĩkia 2.
November lãpkritis (-čio)
nur tìk

O

O-Bus troleibùsas (-o)
ob ar̃
Obst vaĩsiai (-ių)
oder ar̃, arbà
öffnen atsidarýti (-o, -ė)
oft dažnaĩ
ohne bè 2.
Ohr ausìs (-ies) (w.)
Oktober spãlis (-io)
Onkel dė̃dė (-ės)
orangenfarben oránžinis
Ordnung tvarkà (-os)
Organ òrganas (-o)
Orgel vargõnai (-ų)
Ort gyvénvietė (-ės)
Ostern velýkos (-ų)
Österreich Áustrija (-os)

P

Päckchen banderòlė (-ės)
Paket siuntinỹs (-io)
Papier pōperius (-iaus)
Parfümerie parfumèrija (-os)
Park párkas (-o)
Pass pãsas (-o)
Pause pértrauka (-os)
Person asmuõ (-ens)
Pfeffer pipìrai (-ų)
Pferd arklỹs (-io)
Pfingsten sekmìnės (-ių)
Pflaume slyvà (-os)
Pilz grỹbas (-o)
Platz vietà (-os)
Platzkarte vietãženklis (-io)
Poliklinik poliklìnika (-os)
Polizei polìcija (-os)
Portemonnaie pinigìnė (-ės)
Post pãštas (-o)
Postkarte atvirùkas (-o)
Preis kainà (-os)
privat privačiaĩ
probieren paragáuti (-auja, -avo)
Pudding pùdingas (-o)
Puppe lėlė̃ (-ės)

R

Radio rãdijas (-o)
rauchen rūkýti (-o, -ė)
Rechnung sąskaita (-os)
rechts dešinejè
Reifen padangà (-os)
Reise keliõnė (-ės)
reisen keliáuti (-auja, -avo)
reparieren remontúoti (-úoja, -ãvo)
reservieren rezervúoti (-úoja, -ãvo)
Restaurant restorãnas (-o)
restaurieren restaurúoti (-úoja, -ãvo)
richtig teisìngas, taisyklìngas
Rindfleisch jáutiena (-os)
roh žãlias
rosa rõžinis
rot raudónas
rötlich raũsvas
Rubel rùblis
Ruhe ramýbė (-ės)
Rührei kiaušiniẽnė (-ės)
Rührkuchen kèksas (-o)
russisch rùsiškai

S

Saft sùltys (-čių)
sagen sakýti (-o, -ė)
Salat salõtos (-ų)
Salbe tẽpalas (-o)
Salz druskà (-os)
salzig sūrùs
Sandwich sumuštìnis (-io)
Sänger daĩnius (-iaus)
satt sótus
sauber švarùs
sauer rūgštùs
Schachtel dežùtė (-ės)
schade gaĩla
Schallplatte plokštẽlė (-ės)
scharf aštrùs
Scheck čèkis (-io)
Scheibenwischer valytùvas (-o)
Scheinwerfer žibiñtas (-o)
Scherz juõkas (-o)
Schiff laĩvas (-o)
Schilling šìlingas (-o)
Schlauch kãmera (-os)
schlecht blõgas
schmackhaft skanùs
schmerzen skaudė́ti (-a, -ėjo)
Schmuck pãpuošalas (-o)
schmutzig purṽinas
Schnaps degtìnė (-ės)

schnell greĩtas
Schnupfen slogà (-os)
Schokolade šokolãdas (-o)
schon jaũ
schön gražùs
schreiben rašýti (-o, -ė)
schreiben, sich susirašinė́ti (-ja-jo)
Schuhe ãvalynė (-ės)
schuldig skoliñgas
Schüler mokinỹs (-io)
schwach sìlpnas
schwarz júodas
Schweinefleisch kiaulíena (-os)
Schweiz šveicãrija (-os)
schwer sunkùs
Schwester sesuõ (-ers)
sechs šešì
sechzehn šešiólika
sechzig šẽšiasdešimt
See ẽžeras (-o)
sehen, sich pasimatýti (-o, -ė)
sehen žiūrė́ti (-i, -ėjo)
sehr labaĩ
sein bū́ti (yrà, bùvo)
sein/e jõ
Sekt šampãnas (-o)
selbst pàts
Selbstbedienung savìtarna (os)
selten retaĩ
Senf garstýčios (-ių)
September rugsė́jis (-io)
Serviette servetė̃lė (-ės)
setzen, sich sė́stis (sė́dasi, sė́dosi)
sie (Ez.) jì
sie (Mz.,w.) jõs
sie (Mz.) jiẽ
Sie Jū̃s, támsta
sieben septynì
siebzehn septyniólika
siebzig septýniasdešimt
silbern sidabrìnis
so taĩp
Sohn sūnùs (-aus)
solange kõl
Sommer vãsara (-os)
Sonnabend šeštãdienis (-io)
Sonntag sekmãdienis (-io)
sozusagen tãriant
spät vėlaĩ
spazieren gehen pasiváikščioti (-ja, -jo)
Speck taukaĩ (-ų)
Speise pãtiekalas (-o)
Speisekarte meniù, valgiãraštis (-čio)
Spiegel véidrodis (-džio)
Spielzeug žaislaĩ (-ų)
Sprache kalbà (-os)
sprechen kalbė́ti (-a, -ėjo)
Stadt miẽstas (-o)
stark stiprùs
stehlen pavõgti (pàvogia, pàvogė)
Störung trùkdymas (-o)
Strand pliãžas (-o)
Stück gãbalas (-o)
Student studeñtas (-o)
Stunde valandà (-os)
suchen ieškóti (ieško, -jo) 2.
Suppe sriubà (-os)
süß saldùs

T

Tablette tablètė (-ės)
Tafel plytẽlė (-ės)
Tag dienà (-os)
täglich kasdiẽn
Tank bãkas (-o)
Tankstelle degalìnė (-ės)
Tante tetà (-os)
tanzen šókti (-a -o)
Tasse puodùkas (-o)
Tausch keitìmas (-o)
tausend tū́kstantis (-óio)
Taxi taksì
Tee arbatà (-os)
Teil dalìs (-ies, w.)
Telefon telefònas (-o)
Telegramm telegramà (-os)
Teller lė́kštė̃ (-ės)

Temperatur temperatū̃ra (-os)
teuer brangùs
Theater teãtras (-o)
Theatervorstellung spektãklis (-io)
Tochter duktė̃ (-ers)
Toilette ìšvietė (-ės), tualètas (-o)
Torte tòrtas (-o)
tragen nèšti (nẽša, nẽšė)
Traum sãpnas (-o)
trinken gérti (gẽria, gė́rė)
Trinkgeld arbãtpinigai (-ų)
Tropfen lašaĩ (-ų)
tschüss adė́, sudiẽ
Turm bókštas (-o)

U

über apiẽ 4.
übermorgen porýt
übersetzen išver̃sti (-čia, ìšvertė)
Übersetzer vertė́jas (-o)
Überweisung pèrlaida (-os)
übrig atliẽkamas
Umgebung apýlinkės (-ių)
Umleitung apvažiãvimas (-o)
umsonst véltui
umsteigen pérsėsti (-da, -do)
unbedingt bū́tinaĩ
und ir̃
Unfall avãrija (-os)
unser/e mū̃sų
unter põ 5.
Urlaub atóstogos (-ų)

V

Vater tė́vas (-o)
verabschieden, sich atsisvéikinti (-a, -o)
Verband tvárstis (-čio)
verboten draũdžiama
verirren, sich pasiklýsti (-sta, -do)
verletzt sùžeistas
verlieren pamèsti (pàmeta, pàmetė)
vermieten išnúomoti (-ja, -jo)
Vermittlung komutãtorius (-iaus)
verspäten, sich vėlúoti (-úoja, ãvo)
Verspätung pavėlãvimas (-o)
verstehen supràsti (suprañta, suprãto)
viel daũg 2.
vielleicht gál
vier keturì
vierzehn keturiólika
vierzig kẽturiasdešimt
violett violètinis
Volk liáudis (-ies, w.)
voll pìlnas
von nuõ 2., ìš 2.
vorbereiten, sich ruõštis (-iasi, -ėsi) 3.
vorgestern ùžvakar
vormittags priešpiẽt
Vorname var̃das (-o)
vorsichtig atsargùs
vorstellen pristatýti (-o, -ė)
vorstellen, sich prisistatýti (-o, -ė)
Vorwahlnummer kòdas (-o)

W

Waffeln vãfliai (-ių)
Wagen vagònas (-o)
während per̃ 4.
Wald mìškas (-o)
wann kadà
Ware prẽkė (-ės)
warm šil̃tas
warten láukti (-ia, -ė) 2.
warum kodė̃l
was kàs
Wäsche baltiniaĩ (-ių)
Wasser vanduõ (-ens)
Watte vatà (-os)
wechseln keĩsti (keĩčia, keĩtė)
weg šaliñ
Weg kẽlias (-io)

wegen dė̃l 2.
Weihnachten kalė̃dos (-ų)
weil nès
Wein vỹnas (-o)
Weinstube vỹninė (-ės)
weiß báltas
weit tolì
welcher kurìs
Welle bangà (-os)
wenig mažaĩ 2.
wenn (als) kaĩ
wenn (falls) jeĩ
wer kàs
Wespe vapsvà (-os)
wessen kienõ
Wetter óras (-o)
Whisky vìskis (-io)
wie kaĩp
wie viel kíek
wiederholen pakartóti (-ja, -jo)
Wind vė́jas (-o)
Winter žiemà (-os)
wir mẽs
wissen žinóti (žìno, -ojo)
Wissenschaftler mókslininkas (-o)
wo kur̃
Woche saváitė (-ės)
wohin kur̃
wohnen gyvénti (-a, -o)
wollen norė́ti (-i, -ėjo) 2.
Wort žõdis (-džio)
Wörterbuch žodýnas (-o)
wunderbar puikùs
Wunsch linkė́jimas (-o)
wünschen linkė́ti (-i, -ėjo) 2.
Wurst dešrà (-os)

Z

Zahn dantìs (-ies, m.)
zehn dẽšimt
Zeichen ženklas (-o)
zeigen paródyti (-o, -ė)
Zeit laĩkas (-o)
zeitig anksti
Zentrum ceñtras (-o)
Zimmer kambarỹs (-io)
zu į 4., pàs 4., priẽ 2.
Zucker cùkrus (-aus)
zuerst pirmà
Zug traukinỹs (-io)
Zündkerze žvãkė (-ės)
Zunge liežùvis (-io)
zusammen kartù
zwanzig dvìdešimt
zwei dù
zweimal dùkart
zweitens añtra
zweiter añtras
zwischen tar̃p 2.
zwölf dvýlika

Wörterliste Litauisch – Deutsch

A

ãčiū danke
ãdresas (-o) Adresse
ãvalynė (-ės) Schuhe
adė́ tschüss
aeroúostas (-o) Flughafen
agur̃kai (-ų) Gurken
áiškus klar
akiniaĩ (-ių) Brille
akìs (-ies, w.) Auge
akumuliãtorius (-iaus) Batterie
alkohòlis (-io) Alkohol
alùdė (-ės) Bierstube
alùs (-aus) Bier
ambasadà (-os) Botschaft
añt 2. auf
añtra zweitens
añtras zweiter
anàs jener
ángliškai englisch
ankstì zeitig
antrãdienis (-io) Dienstag
anū̃kas (-o) Enkelsohn
anū̃kė (-ės) Enkeltochter
apetìtas (-o) Appetit
apiẽ 4. über
apiẽ 4. etwa
aplankýti (-o,-ė) besuchen
apvažiãvimas (-o) Umleitung
apýlinkės (-ių) Umgebung
apžiūrė́ti (-i, -ėjo) besichtigen
ar̃ ob, oder
ar̃timas nah gelegen
arbà oder
arbãtpinigai (-ų) Trinkgeld
arbatà (-os) Tee
arklỹs (-io) Pferd
artì nah
àš ich
asmuõ (-ens) Person
aštrùs scharf
aštuñtas achter
aštuonì acht
aštúoniasdešimt achtzig
ateĩti (ateĩna, atė̃jo) ankommen
atliẽkamas übrig
atlìktas fertig
atostogáuti -auja,-avo) sich erholen
atóstogos (-ų) Urlaub
atródyti (-o, -ė) aussehen
atsargùs vorsichtig
atsidarýti (-o, -ė) öffnen
atsiprašýti (-o, -ė) sich entschuldigen
atsisvéikinti (-a, -o) sich verabschieden
atvažiúoti (-ja, -avo) ankommen
atvirùkas (-o) Postkarte
auksìnis golden
aũkštas Etage
áukštas hoch
ausìs (-ies) (w.) Ohr
Áustrija (-os) Österreich
autobùsas (-o) Bus
automobìlis (-io) Auto
autoservìsas (-o) Autowerkstatt
autostradà (-os) Autobahn
avãrija (-os) Unfall

B

bãkas (-o) Tank
bãras (-o) Bar
baĩgtis (-iasi, -ėsi) beenden
balañdis (-džio) April
balètas (-o) Ballett
báltas weiß
baltiniaĩ (-ių) Wäsche
bandẽlė (-ės) Brötchen
banderòlė (-ės) Päckchen
bangà (-os) Welle
bánkas (-o) Bank

bažnýčia (-ios) Kirche
bè 2. ohne
benzìnas (-o) Benzin
beskõnis fade
bèt aber
betõ außerdem
bevéik fast
bijóti (-o,-ojo) 2. sich fürchten
bìlietas (-o) Karte
biržẽlis (-io) Juni
blõgas schlecht
bókštas (-o) Turm
brangùs teuer
brólis (-io) Bruder
bufètas (-o) Imbissstube
buljònas (-o) Brühe
bùlvės (-ių) Kartoffeln
bùtelis (-io) Flasche
būtinaĩ unbedingt
bū́tent nämlich

C

bū́ti (yrà, bùvo) sein
ceñtras (-o) Zentrum
cukraĩnė (-ės) Konditorei
cùkrus (-aus) Zucker

Č

čèkis (-io) Scheck, Kassenbon
česnãkas (-o) Knoblauch
čià hier

D

dabaȓ jetzt
daĩnius (-iaus) Sänger
dailė̃ (-ės) Kunst
dainà (-os) Lied
dalìs (-ies, w.) Teil
dangùs (-aus) Himmel
dantìs (-ies, m.) Zahn
dár noch
dar̃bas (-o) Arbeit
darbiniñkas (-o) Arbeiter
daržóvės (-ių) Gemüse
daũg 2. viel
dažnaĩ oft
dė̃dė (-ės) Onkel
dė̃l 2. wegen
dẽšimt zehn
degalaĩ (-ų) Benzin
degalìnė (-ės) Tankstelle
degtìnė (-ės) Schnaps
dėkóti (-ja, -jo) danken
dėltõ deshalb
dešinejè rechts
dešrà (-os) Wurst
destilúotas destilliert
devynì neun
devýniasdešimt neunzig
devynióIika neunzehn
dežùtė (-ės) Schachtel
dė́kui danke
dìdelis groß
diẽvas (-o) Gott
dienà (-os) Tag
dìrbti (-a, -o) arbeiten
diskotèka (-os) Diskothek
dõminti (-a, -o) interessieren
dóleris (-io) Dollar
domė́tis (-isi, -ėjosi) 5. sich interessieren
dovanà (-os) Geschenk
drabùžiai (-ių) Kleidung
draũdžiama verboten
draũgas (-o) Freund
draũgė (-ės) Freundin
drebùčiai (-ių) Gelee
druskà (-os) Salz
dù zwei
dùkart zweimal
duktė̃ (-ers) Tochter
dúona (-os) Brot
dúoti (dúoda, dãvė) geben
dùšas (-o) Dusche
dvìdešimt zwanzig
dvýlika zwölf
džiaũgsmas (-o) Freude
džiaũgtis (-iasi, -ėsi) 5. sich freuen

E

eĩti (eĩna, ẽjo) gehen
elektrìnis elektrisch
ẽžeras (-o) See

F

fìlmas (-o) Film
fotoalbùmas (-o) Bildband
fotoaparãtas (-o) Fotoapparat
fotografúoti (-úoja, -ãvo) fotografieren
fránkas (-o) Franken

G

gãbalas (-o) Stück
gãlas (-o) Ende
gãlima möglich
gaĩla schade
gál vielleicht
galantèrija (-os) Kurzwaren
galė́ti (-i, -ėjo) können, dürfen
galutinaĩ endgültig
galvà (-os) Kopf
galvóti (-ja, -jo) denken
ganà genug
garstýčios (-ių) Senf
gáuti (gáuna, gãvo) bekommen
gẽras gut
gegužė̃ (-ės) Mai
geležìnkelis (-io) Eisenbahn
geltónas gelb
generãtorius (-iaus) Lichtmaschine
gerklė̃ (-ės) Hals
gérti (gẽria, gérė) trinken
gérimas (-o) Getränk
gimtãdienis (-io) Geburtstag
giñtaras (-o) Bernstein
gintarìnis bernsteinern
gýdytojas (-jo) Arzt
gyvénti (-a, -o) leben
gyvénti (-a, -o) wohnen
gyvénvietė (-ės) Ort
glaũdės (-džių) Badehose
grãmas (-o) Gramm
gražùs schön
greĩtas schnell
grỹbas (-o) Pilz
grúodis (-džio) Dezember

I / Į / Y

į̃ 4. nach, zu, in
įdomùs interessant
įeĩti (įeĩna, įẽjo) eintreten
įėjìmas (-o) Eingang
ieškóti (ieško, -jo) 2. suchen
ikì 2. bis
įlìpti (-a, -o) einsteigen
inžiniẽrius (-iaus) Ingenieur
ýpač besonders
ir̃ und
ir̃gi auch
ìš 2. von, aus
išėjìmas (-o) Ausgang
išlìpti (-a, -o) aussteigen
išnúomoti (-ja, -jo) vermieten
išsių̃sti (išsiuñčia, ìšsiuntė) abschicken
išver̃sti (-čia, ìšvertė) übersetzen
ìšvietė (-ės) Toilette
iti (ìma, ẽmė) nehmen

J

jaũ schon
jáunas jung
jáutiena (-os) Rindfleisch
jeĩ wenn (falls)
jì sie (Ez.)
jiẽ sie (Mz.)
jìs er
jõ sein/e
jõs sie (Mz.,w.)
jòdas (-o) Jod
juõkas (-o) Scherz
juõktis (-iasi,-ėsi) is lachen über etw.

júodas schwarz
jõs ihr/e
jų̃ ihr/e
jū́ra (-os) Meer
jū̃s ihr (2.P.)
Jū̃s Sie
jū́sų euer/e
Jū́sų Ihr/e

K

kãmera (-os) Schlauch
kãpinės (ių) Friedhof
kãtedra (-os) Kathedrale
kàd dass
kadà wann
kaĩ wenn (als)
kaĩp wie
káimas (-o) Dorf
kainà (-os) Preis
kainúoti (-uoja,-avo) kosten
kairejè links
kakavà (-os) Kakao
kalbà (-os) Sprache
kalbė́ti (-a, -ėjo) sprechen
kalė̃dos (-ų) Weihnachten
kambarỹs (-io) Zimmer
kanìstras (-o) Kanister
kar̃tais manchmal
karõliai (ių) Halskette
kárštas heiß
kartù zusammen
kàs wer, was
kasà (-os) Kasse
kasdiẽn täglich
kasmẽt jährlich
kavà (-os) Kaffee
kavìnė (-ės) Café
kẽlias (-io) Weg
kẽpalas (-o) Laib
kẽpenys (-ų) Leber
kẽturiasdešimt vierzig
kefỹras (-o) Kefir
keĩsti (keĩčia, keĩtė) wechseln
keitìmas (-o) Tausch
kèksas (-o) Rührkuchen
keliáuti (-auja, -avo) reisen
keliõnė (-ės) Reise
keltùvas (-o) Fähre
keturì vier
keturiólika vierzehn
ketvirtãdienis (-io) Donnerstag
kiaulíena (-os) Schweinefleisch
kiaušiniẽnė (-ės) Rührei
kiaušìnis (-io) Ei
kíek wie viel
kienõ wessen
kilogrãmas (-o) Kilogramm
kìnas (-o) Kino
klãsė (-ės) Klasse
kláusti (-ia, -ė) 2. fragen
klausýtis (-osi, -ėsi) 2. hören
knygà (-os) Buch
knygýnas (-o) Buchhandlung
kòdas (-o) Vorwahlnummer
kodė̃l warum
kojà (-os) Bein, Fuß
kokteĩlis (-io) Cocktail
kõl solange
komutãtorius (-iaus) Vermittlung
koncèrtas (-o) Konzert
konjãkas (-o) Kognak
kontroliúoti (-iuoja, -iavo) kontrollieren
kopū̃stas (-o) Kohl
kostiùmas (-o) Badeanzug
kosulỹs (-io) Husten
kóvas (-o) März
kráutuvė (-ės) Laden
kriáušė (-ės) Birne
krìsti (kriñta, krìto) fallen
krūtìnė (-ės) Brust
kur̃ wo, wohin
kurìs welcher
kùrsas (-o) Kurs
kviẽsti (kviẽčia, kviẽtė) einladen
kvietìmas (-o) Einladung

L

lãbas gut
lãpai (-ų) Laub
lãpkritis (-čio) November
labaĩ sehr
laĩkas (-o) Zeit
láimė (-ės) Glück
láipsnis (-io) Grad, Stufe
láiškas (-o) Brief
laĩsvas frei
laĩvas (-o) Schiff
lángas (-o) Fenster
lašaĩ (-ų) Tropfen
láukti (-ia, -ė) 2. warten
lauktùvės (-ių) Mitbringsel
ledaĩ (-ų) Eis
lèdi Lady
léisti (léidžia, léido) lassen
leñgvas leicht
lėkštė̃ (-ės) Teller
lėktùvas (-o) Flugzeug
lėlė̃ (-ės) Puppe
lė̃tas langsam
liáudis (-ies, w.) Volk
líepa (-os) Juli
Lietuvà (-os) Litauen
lietùvis (-io) Litauer
lietùviškai litauisch
liežùvis (-io) Zunge
lìftas (-o) Lift
ligóninė (-ės) Krankenhaus
lìkeris (-io) Likör
limonãdas (-o) Limonade
linkė́jimas (-o) Wunsch
linkė́ti (-i, -ėjo) 2. wünschen
lìtras (-o) Liter
lytìs (-ies) (w.) Geschlecht
lóva (-os) Bett

M

mãžas klein
maĩstas (-o) Lebensmittel
malonùs angenehm
màno mein/e
margarìnas (-o) Margarine
márgas bunt
márkė (-ės) Mark
marmelãdas (-o) Marmelade
máudytis (-osi, -ėsi) baden
mažaĩ 2. wenig
mènedžeris (-io) Manager
meniù Speisekarte
mergáitė (-ės) Mädchen
mẽs wir
meškerióti (-ja, -jo) angeln
mẽtai (-ų) Jahr
mė́lynas blau
mė́nuo (-esio) Monat
mėsà (-os) Fleisch
miẽlas lieb
miẽstas (-o) Stadt
mielaĩ gern
mylė́ti (-i, -ėjo) lieben
minùtė (-ės) Minute
mìškas (-o) Wald
mokė́ti (-a, -ėjo) können
mokė́ti (-a, -ėjo) bezahlen
mokinỹs (-io) Schüler
mókytis (-osi, -ėsi) 2. lernen
mókslininkas (-o) Wissenschaftler
móteris (móters) Frau
mótina (-os) Mutter
muziẽjus (-aus) Museum
mū́sų unser/e

N

nãmas (-o) Haus
naktìs (-ies,w.) Nacht
naũjas neu
naujãmiestis (-čio) Neubaugebiet
nè nein, nicht
negù als (Vgl.)
nelegalùs illegal
nès weil
neseniaĩ kürzlich

nèšti (nẽša, nẽšė) tragen
netrùkus bald
Niderlándai (-ų) Niederlande
niẽkada niemals
niẽkas niemand
niẽko nichts
niẽkur nirgendwo/-hin
norė́ti (-i, -ėjo) 2. wollen
nuõ 2. von, aus
nuobodùs langweilig
núotaika (-os) Laune
núotrauka (-os) Fotografie
nutapýti (-o, -ė) malen

O

õ aber
obuolỹs (-io) Apfel
oránžinis orangenfarben
óras (-o) Wetter, Luft
òrganas (-o) Organ

P

pãpuošalas (-o) Schmuck
pãsas (-o) Pass
pãštas (-o) Post
pãstatas (-o) Gebäude
pãtiekalas (-o) Speise
padangà (-os) Reifen
padė́ti (pàdeda, -jo) helfen
padúoti (-da, pàdavė) aufgeben
pagálba (-os) Hilfe
pakartóti (-ja, -jo) wiederholen
pakliū́ti (-iū̃va, iū̃vo) geraten
palìkti (paliẽka, palìko) (hinter)lassen
palydė́ti (-i, -ėjo) begleiten
pamèsti (pàmeta, pàmetė) verlieren
pamiñklas (-o) Denkmal
panẽlė (-ės) Fräulein
paragáuti (-auja, -avo) kosten, probieren
parduotùvė (-ės) Geschäft
parfumèrija (-os) Parfümerie
párkas (-o) Park
parodà (-os) Ausstellung
paródyti (-o, -ė) zeigen
pàs 4. zu
pasikalbė́jimas (-o) Gespräch
pasiklýsti (-sta, -do) sich verirren
pasimatýti (-o, -ė) sich sehen
pasiváikščioti (-ja, -jo) spazierengehen
paskuĩ nachher
paskutìnis letzter
pateñpti (-ia, -ė) abschleppen
patìkti (patiñka, patìko) gefallen
pàts selbst
pavãsaris (-io) Frühling
pavar̃gti (-sta, -o) ermüden
pavardė̃ (-ės) Zuname
pavéikslas (-o) Gemälde
pavėlãvimas (-o) Verspätung
pavõgti (pàvogia, pàvogė) stehlen
pažìnti (pažį́sta, pažìno) kennen
peĩlis (-io) Messer
peñkiasdešimt fünfzig
penkì fünf
penkiólika fünfzehn
penktãdienis (-io) Freitag
per̃ 4. durch, während
pèrlaida (-os) Überweisung
perònas (-o) Bahnsteig
pérsėsti (-da, -do) umsteigen
pértrauka (-os) Pause
piẽtūs (-ų) Mittag
píenas (-o) Milch
pietáuti (-áuja, -ãvo) Mittag essen
pigùs billig
pìktas böse
pil̃vas Bauch

pilìs (-ies) w. Burg
pìlkas grau
pìlnas voll
pinigaĩ (-ų) Geld
piniginė (-ės) Brieftasche
piniginė (-ės) Portemonnaie
pipìrai (-ų) Pfeffer
pyragáitis (-čio) Kuchen
piȓkti (peȓka, piȓko) kaufen
piȓmas erster
pirmà zuerst
pìrma erstens
pirmãdienis (-io) Montag
platfòrma (-os) Gleis
plaũčiai (-ių) Lunge
pléistras (-o) Pflaster
pliãžas (-o) Strand
plytẽlė (-ės) Tafel
plokštẽlė (-ės) Schallplatte
põ 2. nach, durch
põ 5. unter
põnas (-o) Herr
põperius (-iaus) Papier
polìcija (-os) Polizei
poliklìnika (-os) Poliklinik
ponià (-ios) Frau
popiẽt nachmittags
porýt übermorgen
prãšom bitte
prancūziškai französisch
prasidė́ti (-deda, -jo) beginnen
prašýti (-o, -ė) 2. bitten
prẽkė (-ės) Ware
priẽ 2. an, zu
priẽš 4. gegen(über)
priešpiẽt vormittags
priiti (prìima, prìėmė) annehmen
pripìlti (-a, -ylė) auffüllen
prisistatýti (-o, -ė) sich vorstellen
pristatýti (-o, -ė) vorstellen
privačiaĩ privat
profèsija (-os) Beruf
pùdingas (-o) Pudding
puikùs wunderbar
puodùkas (-o) Tasse
puȓvinas schmutzig
pùsbrolis (-io) Cousin
pùsė (-ės) Hälfte
pùsė halb
pùsryčiai (ių) Frühstück
pusryčiáuti (-áuja, -ãvo) frühstücken
pùsseserė (-ės) Cousine

R

rãdijas (-o) Radio
ramýbė (-ės) Ruhe
rankà (-os) Arm, Hand
rašýti (-o, -ė) schreiben
raũsvas rötlich
raudónas rot
reĩkia 2. nötig
rekomendúoti (-úoja, -ãvo) empfehlen
remontúoti (-úoja, -ãvo) reparieren
restaurúoti (-úoja, -ãvo) restaurieren
restorãnas (-o) Restaurant
retaĩ selten
rezervúoti (-úoja, -ãvo) reservieren
rytaĩs morgens
rýtas (-o) Morgen
rytój morgen
rõžinis rosa
rùblis Rubel
rùdas braun
ruduõ (-ens) Herbst
rugpjū́tis (-čio) August
rugsė́jis (-io) September
ruõštis (-iasi, -ėsi) 3. sich vorbereiten
rùsiškai russisch
rūgštùs sauer
rūkýti (-o, -ė) rauchen

S

sãpnas (-o) Traum
sakýti (-o, -ė) sagen
saldaĩniai (-ių) Bonbons

saldùs süß
salõtos (-ų) Salat
sánkaba (-os) Kupplung
sąskaita (-os) Rechnung
saũsis (-io) Januar
sausaĩniai (-ių) Gebäck
saváitė (-ės) Woche
savìtarna (os) Selbstbedienung
seánsas (-o) Kinovorstellung
sẽkantis nächster
sekmãdienis (-io) Sonntag
sekmė̃ (-ės) Erfolg
sekmìnės (-ių) Pfingsten
sèktis (-asi, -ėsi) gelingen
senãmiestis (-čio) Altstadt
sẽnas alt
senẽlė (-ės) Großmutter
senẽliai (-ių) Großeltern
senẽlis (-io) Großvater
septynì sieben
septýniasdešimt siebzig
septyniólika siebzehn
servetė̃lė (-ės) Serviette
sė́stis (sė́dasi, sė́dosi) sich setzen
sesuõ (-ers) Schwester
sìlpnas schwach
siuntinỹs (-io) Paket
skabinti (-a, -o) 3. anrufen
skaitýti (-o, -ė) lesen
skanùs schmackhaft
skaudė́ti (-a, -ėjo) schmerzen
skỹrius (-iaus) Abteilung
skỹstis (-čio) Flüssigkeit
skoliñgas schuldig
skrañdis (-džio) Magen
skrìsti (skreñda, skrìdo) fliegen
slyvà (-os) Pflaume
slogà (-os) Schnupfen
sótus satt
spãlis (-io) Oktober
spektãklis (-io) Theatervorstellung
sriubà (-os) Suppe
stabdỹs (-džio) Bremse
stárteris (-io) Anlasser
statýti (-o, -ė) bauen
stìklas (-o) Glas
stiprùs stark
stotẽlė (-ės) Haltestelle
stotìs (-ies, w.) Bahnhof
studeñtas (-o) Student
sù 5. mit
sudiẽ Tschüss
sugèsti (-eñda, -ẽdo) kaputtgehen
sùltys (-čių) Saft
sumuštìnis (-io) Sandwich
sunkùs schwer
supràsti (supreñta, suprãto) verstehen
susipažìnti (-žį́sta, -žìno) sich bekannt machen
susirašinė́ti (-ja-jo) sich schreiben
sustóti (-ja, -jo) anhalten
sùžeistas verletzt
sūnùs (-aus) Sohn
sūrùs salzig
sū̃ris (-io) Käse
svẽčias (-io) Gast
sveĩkas gesund
sveikatà (-os) Gesundheit
svéikintis (-asi, -osi) sich grüßen
svetingùmas (-o) Gastfreundschaft
svíestas (-o) Butter

Š

šakùtė (-ės) Gabel
šalià 2. neben
šaliñ weg
šalìs (-ies, w.) Land
šáltas kalt

šáukštas (-o) Löffel
šẽšiasdešimt sechzig
šeimà (-os) Familie
šeimininkas (-o) Gastgeber
šeimininkė (-ės) Hausfrau
šešì sechs
šešiólika sechzehn
šeštãdienis (-io) Sonnabend
šiañdien heute
sidabrìnis silbern
šiltas warm
šilingas (-o) Schilling
širdìs (-ies, w.) Herz
šitas hundert
šitas dieser
šókti (-a -o) tanzen
šuo (šuñs) Hund
švarùs sauber
šveicãrija (-os) Schweiz
šviesùs hell
švìnas (-o) Blei

T

tãriant sozusagen
tablètė (-ės) Tablette
tačiaũ dennoch
taĩp ja, so
taisyklìngas richtig
taksì Taxi
támsta Sie
tamsùs dunkel
tar̃p 2. zwischen
tarìmas (-o) Aussprache
tarnáutojas (-o) Angestellter, Beamter
tàs dieser
taukaĩ (-ų) Speck
tàvo dein/e
tẽpalas (-o) Salbe
tẽpalas (-o) Motoröl
teãtras (-o) Theater
teisìngas richtig
telefònas (-o) Telefon
telegramà (-os) Telegramm
televìzorius (-iaus) Fernsehapparat
temperatū̃ra (-os) Temperatur
teñ dort, dorthin
tetà (-os) Tante
tėvaĩ (-ų) Eltern
tė́vas (-o) Vater
tiẽsiai geradeaus
tìk nur
tikė́tis (-isi, -ėjosi) hoffen
tolì weit
tólimas fern
tòrtas (-o) Torte
traukinỹs (-io) Zug
trẽčia drittens
trẽčias dritter
trečiãdienis (-io) Mittwoch
trìsdešimt dreißig
trýlika dreizehn
trỹs drei
troleibùsas (-o) O-Bus
trùkdymas (-o) Störung
trùkti (truñka, trùko) dauern
trupas kurz
trùputį bisschen
trū́kti (-sta, -o) 2. fehlen
tù du
tualètas (-o) Toilette
tuojaũ gleich
tur̃gus (-aus) Markt
turė́ti (-i, -ėjo) haben, müssen
tùščias leer
tū́kstantis (-čio) tausend
tvarkà (-os) Ordnung
tvarkãraštis (-čio) Fahrplan
tvárstis (-čio) Verband, Binde

U

úodas (-o) Mücke
uogiẽnė (-ės) Konfitüre
úostas (-o) Hafen
ùpė (-ės) Fluss
ùž 2. hinter
ùž 4. für
ùžeiga (-os) Gasthof
užkandìnė (-ės) Imbissstube
ùžrašas (-o) Aufschrift
užrašýti (-o, -ė) aufschreiben

užsakýti (-o, -ė) bestellen
užsieniẽtiškas ausländisch
ùžsienis (-io) Ausland
užtàt anstatt
ùžvakar vorgestern

V

vãfliai (-ių) Waffeln
vãkar gestern
vãkaras (-o) Abend
vãsara (-os) Sommer
vagònas (-o) Wagen
vaĩkas (-o) Kind
vaĩras (-o) Lenkrad
vaĩsiai (-ių) Obst
vaĩzdas (-o) Ansicht
vaišìntis (-asi, -osi) sich bedienen
váistai (-ų) Arznei
váistinė (-ės)
váistinė (-ės) Apotheke
vakaraĩs abends
vakarieniáuti (-áuja, -ãvo) Abendbrot essen
valandà (-os) Stunde
valgiãraštis (-čio) Speisekarte
valgyklà (-os) Gaststätte
válgyti (-o, -ė) essen
valytùvas (-o) Scheibenwischer
valstiẽtis (-čio) Bauer
vanduõ (-ens) Wasser
vapsvà (-os) Wespe
var̃das (-o) Vorname
vardãdienis (-io) Namenstag
vargõnai (-ų) Orgel
varìklis (-io) Motor
var̃škė (-ės) Quark
vasãris (-io) Februar
vatà (-os) Watte
važiuoti (-úoja, -ãvo) fahren
veĩkti (-ia, -ė) machen
véidas (-o) Gesicht
véidrodis (-džio) Spiegel
véltui umsonst
velýkos (-ų) Ostern
vertė́jas (-o) Übersetzer
vestùvės (-ių) Hochzeit
vė́jas (-o) Wind
vėlaĩ spät
vėlúoti (-úoja, ãvo) sich verspäten
viẽšbutis (-čio) Hotel
vienas eins (m.)
vienúolika elf
vietà (-os) Platz
vietãženklis (-io) Platzkarte
violètinis violett
vìrtas gekocht
visadà immer
visái ganz
vỹnas (-o) Wein
vỹninė (-ės) Weinstube
výras (-o) Ehe-/Mann
vókas (-o) Briefumschlag
Vokietìja (-os) Deutschland
vókietis (-čio) Deutscher
vókiškai deutsch
vonià (-ios) Bad

Ž

žãlias grün, roh
žaislaĩ (-ų) Spielzeug
žẽmas niedrig
žénklas (-o) Zeichen
žibiñtas (-o) Scheinwerfer
žiemà (-os) Winter
žìnoma natürlich
žinóti (žìno, -ojo) wissen
žiūrė́ti (-i, -ėjo) sehen
žỹdras hellblau
žmogùs (-aus) Mensch
žmonà (-os) Ehefrau
žõdis (-džio) Wort
žodýnas (-o) Wörterbuch
žuvìs (-ies, w.) Fisch
žvãkė (-ės) Zündkerze

Die Autorin

Katrin Jähnert, Jahrgang 1957. Von 1976-1981 Studium der Russistik/Baltistik in Leipzig mit einjährigem Studienaufenthalt in Russland, 1981-1984 Forschungsstudium zur Russistik (1984 Promotion) - während des Studiums und danach mehrere Reisen zu Studienzwecken und privat nach Litauen. Nach der Promotion Lehrerin für Russisch (vorwiegend Wirtschaftsrussisch) und Litauisch an der Universität Leipzig. Später dann Fortbildung zum Referenten für das Kreditgeschäft, um im Osteuropageschäft Sprach- und Wirtschaftskenntnisse nutzbringend verknüpfen zu können.

„Ich hoffe, dass sich noch viele Besucher Litauens den Reiz dieses Landes erschließen und dabei genauso fasziniert sein werden von seinen Bewohnern und ihrer einzigartigen Sprache wie ich es selbst seit meinem ersten Litauenbesuch bin. An dieser Stelle möchte ich meiner Freundin Irena Petrauskienė und ihrer Familie für die wertvollen Hinweise in Vorbereitung auf das Büchlein danken. Ačiū!"